权威·前沿·原创

皮书系列为

"十二五""十三五""十四五"时期国家重点出版物出版专项规划项目

BLUE BOOK

智 库 成 果 出 版 与 传 播 平 台

健康保险蓝皮书

BLUE BOOK OF HEALTH INSURANCE

中国健康保险发展报告（2023）

ANNUAL REPORT ON HEALTH INSURANCE OF CHINA (2023)

主　编／于　莹　阎建军

社会科学文献出版社

SOCIAL SCIENCES ACADEMIC PRESS（CHINA）

图书在版编目（CIP）数据

中国健康保险发展报告 . 2023 / 于莹，阎建军主编
. -- 北京：社会科学文献出版社，2024.1
（健康保险蓝皮书）
ISBN 978-7-5228-3152-7

Ⅰ. ①中⋯　Ⅱ. ①于⋯ ②阎⋯　Ⅲ. ①健康保险-研
究报告-中国-2023　Ⅳ. ①F842.62

中国国家版本馆 CIP 数据核字（2023）第 254855 号

健康保险蓝皮书

中国健康保险发展报告（2023）

主　　编／于　莹　阎建军

出 版 人／冀祥德
组稿编辑／任文武
责任编辑／刘如东
责任印制／王京美

出　　版／社会科学文献出版社·城市和绿色发展分社（010）59367143
　　　　　地址：北京市北三环中路甲 29 号院华龙大厦　邮编：100029
　　　　　网址：www.ssap.com.cn
发　　行／社会科学文献出版社（010）59367028
印　　装／天津千鹤文化传播有限公司

规　　格／开 本：787mm×1092mm　1/16
　　　　　印 张：10.5　字 数：134 千字
版　　次／2024 年 1 月第 1 版　2024 年 1 月第 1 次印刷
书　　号／ISBN 978-7-5228-3152-7
定　　价／128.00 元

读者服务电话：4008918866

主编简介

于 莹 研究员，上海健康医学院党委副书记。中华医学会医学伦理学分会教育学组副组长，上海医学伦理学会副会长，中国卫生信息与健康医疗大数据学会智能医疗健康专委会副主任委员。主要研究方向为慢病康复与健康促进、卫生经济与健康保险。获全国医学伦理学和生命伦理学优秀著作奖，中国医院协会医院文化专业委员会创新项目奖，上海市浦东新区科学技术三等奖等奖项。主持上海市科委重大项目、上海市教育科学项目和上海市卫健委、上海市哲社科和中国医院协会专委会等科研项目及横向课题近20项。发表核心以上学术论文30余篇，SCI、EI收录10余篇，主编《中国健康保险发展报告》蓝皮书系列，专著《医患沟通手册》等，译著《WHO指南：降低认知衰退和痴呆的风险》。

阎建军 中国社会科学院国家金融与发展实验室保险发展研究中心主任，中国社会科学院保险与经济发展研究中心副主任，中国社会科学院金融研究所创新工程执行研究员，中国保险学会理事。研究领域主要包括健康保险、医药卫生体制改革、健康经济学、多层次医疗保障体系建设、医疗责任保险等。发表论文百余篇，主持各类课题20余项，3次荣获中国社会科学院"优秀对策成果奖"。主要专著有《强制私营健康保险：双目标逻辑》（2013年）、《医药卫生体制改革与上海健康保险交易所设立构想》（2015年）。

前　言

党的二十大报告明确提出"促进多层次医疗保障有序衔接""积极发展商业医疗保险"。健康保险业对于推进健康中国建设和完善多层次医疗保障体系的重要性日益凸显，但是业界和理论界对其发展规律仍然存在许多模糊的甚至似是而非的认识，有必要持续关注和深入研究。

"健康保险蓝皮书"是中国社会科学院国家金融与发展实验室和上海健康医学院合作编写的系列性研究报告，致力于对中国健康保险业发展面临的长期性、根本性、前沿性问题的研究，汇聚政产学研力量，走理论与实践相结合、国际视野与国内实际相结合之路，为主管部门提供政策储备，为健康产业链中的相关机构提供经营参考。其创新之处表现为以下两点。

首先，分析框架有所创新。报告分为三部分，第一部分为总报告，对本年度和上一年度中国健康保险业总体发展情况进行回顾和展望。第二部分立足于市场现状，从产品和服务等角度对本年度中国健康保险市场情况进行概括和分析，可以称之为"市场篇"。第三部分立足于未来发展，致力于对我国健康保险业未来发展产生深远影响的医药卫生体制改革试点或者普惠保险试点进行持续跟踪和分析评价，可以称之为"普惠保险篇"。近年来，国家金融与发展实验室和上海健康医学院参与了一系列医改试点，包括基层医疗服务体系改革、DRG 支付方式改革、普惠型补充医疗保险改革等，既对"健康中国"

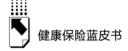

战略的落地有积极意义，又推动健康保险功能创新，打开了健康保险业未来发展空间，有必要对其进行持续跟踪和评价。

其次，研究视角有所创新。国内外大多数研究报告把"健康保险业（health insurance industry）"和"商业健康保险"混为一谈，我们对二者加以明确区分，因为健康保险业的业务包括三部分：一是基于民商法、自愿原则和营利性原则，经营商业健康保险业务；二是基于强制原则、保本微利甚至非营利原则，经营公私合作（PPP）业务，比如我国保险业经营的大病保险、城乡居民基本医疗保险和城镇职工基本医疗保险经办业务；三是基于自愿原则和准公益性原则，经营普惠型补充医疗保险业务。鉴于研究对象的复杂性，研究视角需要相应改变，单纯基于自愿原则的健康保险市场供需分析视角需要加以拓展。

基于自愿原则和保险合同，2019 年修订的《健康保险管理办法》把健康保险界定为"由保险公司对被保险人因健康原因或者医疗行为的发生给付保险金的保险，主要包括医疗保险、疾病保险、失能收入损失保险、护理保险以及医疗意外保险等"。在本报告中，为了符合国内外健康保险业发展实际，健康保险的内涵除了包括上述内容之外，还包括由保险公司经营的基于公私合作制的基本医疗保险和大病保险，以及基于准公益性原则的普惠型补充医疗保险。

本报告是集体研究成果，作者团队来自国家智库、上海健康医学院、保险业、医药行业和社保研究机构等多个领域，于莹和阎建军对报告全文进行统编、修改和定稿。作者团队成员还包括钱芝网、万广圣、武晓明、王明彦、施敏盈、吴孟华、胡盛峰、冯华、施毓凤、丁莹、孙啸辰、陆静、郭炜钦、濮桂萍、刘轶欧、陈楠。本报告得到了国家金融与发展实验室李扬理事长的亲自指导和大力支持，上海健康医学院吴韬校长给予了多方面的支持，业内诸多专家为本书的撰写提供了评审意见和多方面的帮助，谨致谢忱，但文责由作者自负。

期盼着各种批评建议，也希望我们的成果能够为我国发展健康保险业和深化医药卫生体制改革提供些许智力贡献。

编 者

2023 年 11 月 25 日

摘　要

党的二十大报告明确提出"积极发展商业医疗保险"，我国健康保险（以下简称"健康险"）发展面临前所未有的发展机遇，同时也面临经济结构调整和增速放缓带来的转型压力，正在向高质量发展转型。《中国健康保险发展报告（2023）》是"健康保险蓝皮书"的年度系列报告，旨在对 2022～2023 年健康险发展情况进行回顾，研究市场特征，总结发展规律，推动健康险在健康中国建设和完善多层次医疗保障体系中发挥更大作用。

研究内容包括总报告、市场篇和普惠保险篇三个部分。总报告对2022 年中国保险业健康险总体发展情况进行了回顾，着重分析了2023 年健康险供给侧结构调整，探讨转型特征及其背后的原因。市场篇从四个方面分析健康险市场大变局，一是分析健康险产品结构最新变化，总结趋势性规律；二是分析健康险市场竞争状况；三是分析职业人群健康险需求影响因素；四是分析市场增量，聚焦海南省气候康养产业发展前景与保险业机遇。普惠保险篇的主题是增强健康险以人民为中心的价值取向，包括三方面的内容：一是研究惠民保业态的独特性及其制度特性，二是分析中邮人寿保险股份有限公司发展普惠保险案例，三是从可持续发展角度分析沪惠保发展案例。

本书采用的研究方法主要包括三个层面。一是在研究框架上，对基于自愿原则的健康险市场供需分析视角加以拓展，引入了政策性保险框架和准公益性原则，以分析普惠保险发展。二是大量采用抽样调

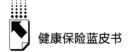
查方法，以反映健康险市场供给侧和需求侧的变化。三是采用跨学科分析方法，结合创新药械、慢性病管理和气候康养产业发展，分析健康险创新方向。

主要结论如下。第一，2022年，中国健康险业务向高质量发展转型，增速放缓，主要原因是重疾险在健康险业务结构中的主导地位受到削弱，新单保费仍在下降。2023年，健康险供给侧结构调整向纵深推进，重疾险新单销量进一步下滑，原因可以归结为渠道变革和客户需求两个方面。受惠民保快速增长的影响，百万医疗险新单保费下降趋势渐显。健康险市场进一步细分，带病体保险创新值得关注。税优新政和海南省气候康养产业发展，为健康险带来了良好的发展机遇。职业人群对健康险的需求仍没有得到有效挖掘，这也为健康险带来了增量空间。第二，惠民保近两年快速发展源于其业态的独特性，这是由其制度特性决定的。研究发现，为了增强普惠性，缓解人民群众因病致贫返贫问题，惠民保制度改革引入了政策性保险思路，走准公益发展之路，走强化健康管理之路。代表性城市惠民保制度改革扎实推进，目前已经走向制度定型。第三，我国商业健康险业务规模呈现出明显的集中趋势，具体表现为三方面：一是区域集中，业务集中于长三角、珠三角、京津冀地区；二是市场集中，呈现出寡占型市场格局；三是健康险业务主要由人身险公司提供，业务规模远超财产险公司。第四，邮政普惠保险走出了新路，打造出邮政协办特色发展模式，取得了"监管放心、社会认可、客户满意、邮政获益"的良好效果。

关键词： 健康保险　医疗保障　普惠保险　健康管理

目 录 ⤵

Ⅰ 总报告

Ⅱ 市场篇

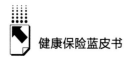

Ⅲ　普惠保险篇

皮书数据库阅读**使用指南**

总 报 告

General Report

B.1
2022~2023年中国健康
保险业研究报告

于 莹　阎建军　钱芝网　武晓明*

摘　要： 2022年，中国健康险业务向高质量发展转型，增速放缓。
2023年，健康险供给侧结构调整向纵深推进，主要表现
在以下三个方面：一是重疾险在健康险业务结构中的主导
地位受到削弱，新单销量仍在下降；二是惠民保主流模式
走向制度定型，减缓人民群众"因病致贫返贫"效果显
现；三是健康险市场进一步细分，带病体保险创新值得关
注。税优新政发布，健康险面临良好的发展机遇。

* 于莹，上海健康医学院党委副书记，研究员，研究方向为慢病康复与健康促进、
卫生经济与健康保险；阎建军，中国社会科学院金融研究所创新工程执行研究
员，中国社会科学院国家金融与发展实验室保险发展研究中心主任，研究方向为
健康保险、医药卫生体制改革等；钱芝网，上海健康医学院规划处处长，教授，
研究方向为健康经济与健康产业规划；武晓明，中邮人寿保险股份有限公司战略
管理部副总经理。

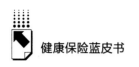

关键词： 健康保险　惠民保　护理保险　税收优惠

一　2022~2023年健康险发展的外部环境

（一）宏观经济环境

2021年和2022年中央经济工作会议均指出中国经济发展面临需求收缩、供给冲击、预期转弱三重压力。这三重压力导致的结果是各行业的消费降级，包括保险行业和健康险市场。虽然增额终身寿险、年金等储蓄类保险和健康险同属于人身保险，但是消费降级对其影响是截然相反的。储蓄类保险在2022年居民储蓄率上升的环境下享受到了红利，帮助行业稳住了保费规模的大盘；而健康险作为保险中的"消费品"，在居民需求层次中排位比较靠后，受消费降级的影响较为明显。在消费降级中，很多消费品行业迅速响应，实行了"减量降价"的商业策略；保险行业亟须加快反应速度，在产品设计和商业策略上积极应对。

（二）政策环境

国家政策方面，党的二十大报告指出"积极发展商业医疗保险"，这既是对目前健康险市场现状的高度总结，又是对健康险发展趋势的强力导向。2022年健康险市场中的"爆款"产品均是医疗保险，如以CAR-T医疗费用保障为代表的先进医疗险，以及辐射范围进一步扩大的惠民保。未来在人口老龄化和医疗费用高涨的双重压力下，能够缓解基本医保压力的只能是商业医疗险。

监管政策方面，2023年3月发布《关于开展人寿保险与长期护理保险责任转换业务试点的通知》，自2023年5月1日起开展人寿保险与长期护理保险责任转换业务试点，也为行业对于存量客户经营提供了创新思路；2023年7月，新成立的国家金融监督管理总局发布《关于适用商业健康保险个人所得税优惠政策产品有关事项的通知》，自2023年8月1日起扩大个人所得税优惠政策适用商业健康保险的产品范围，鼓励对于家庭单和带病体进行开拓。总体来讲，这些政策是在行业进入新阶段后，监管机构引导行业解决供需矛盾，实现高质量发展的顶层设计。

（三）医疗和基本医保环境

由于医疗和基本医保范畴较大，我们仅关注和行业主流产品相关的领域，即和大病相关的医疗医保环境。

医疗方面，国家药监局官网披露，2022年共有51款新药上市，从治疗领域看仍以抗肿瘤药物居多。例如，全球首个不区分肿瘤来源的广谱靶向药——拉罗替尼，其亮眼的疗效数据和高昂的价格引起了广泛的社会关注，此后第二款不限癌种的靶向药恩曲替尼也在国内获批。钇［90Y］微球注射液于2022年2月在我国获批上市，用于治疗经标准治疗失败的、不可手术切除的结直肠癌肝转移患者，将该注射液注入肝脏血管，释放高能量β放射线，能够近距离瞬时杀灭肿瘤细胞，对正常肝组织和周围环境几乎无影响。此外，2021年获批上市的CAR-T疗法继续在2022年、2023年延续着其影响力，随着复星凯特的阿基仑赛注射液二线适应症于2023年6月正式获批上市以及国内首款多发性骨髓瘤CAR-T药品伊基奥仑赛注射液于2023年6月30日获批，在保险产品的保障中形成了新的空间。

基本医保方面，按病种付费的医保支付方式改革在2022年继续在更多地区扩面，"在全国40%以上的统筹地区开展按疾病诊断相关分组（DRG）付费或按病种分值（DIP）付费改革工作，DRG/DIP付费的医保基金占全部符合条件住院医保基金支出的比例达到30%"

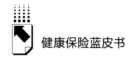

成为医药卫生体制改革 2022 年重点任务。药械带量采购方面，国家医保局推动集中带量采购常态化、制度化，进入提速扩面阶段。2022年第七批国家药品完成集采，有 60 种药品采购成功，拟中选药品平均降价 48%，药品涉及 31 个治疗类别，包括肺癌、肝癌、肾癌、肠癌等重大疾病用药。此外，自 2022 年下半年起，多项囊括了高值耗材的品种开启了带量采购。2022 年 9 月，国家组织骨科脊柱类耗材集中带量采购拟中选结果，集采平均降价 84%；2022 年 11 月，冠脉支架集中带量采购续标持续推进。

（四）行业发展阶段

人身险和健康险市场的保费增速在 2020 年后明显放缓，2020 年是行业发展阶段的分水岭。2020 年之前，人身险行业通过代理人增员实现人口红利的变现，自保件和缘故件也将重疾险推到了"顶流"产品的地位，无论是代理人的人数规模，还是销售出去的重疾险件数规模，一旦到达一定瓶颈，即标志着后流量阶段的到来。在后流量时代下，单一产品经营的时代结束了，在过去增长模式下被掩盖和忽视的客户真实的需求开始展露在行业面前，行业进入了供给侧结构调整期。

二 2022年总体情况

（一）健康险保费持续增长，但增速明显放缓

2022 年，中国保险业原保费收入（以下简称"保费收入"）达46957.18 亿元，健康保险保费收入 8652.94 亿元。

2022 年，中国保险业保费收入同比增长 4.58%。在业务结构层面，寿险保费收入同比增长 4.02%，增速由负转正；财产险保费收

入同比增长 8.92%，取得了较快增长；健康险保费收入同比增长 2.44%，增速放缓（见图1）。

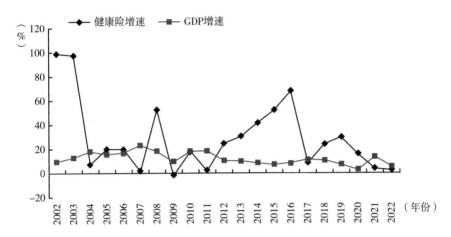

图1 2002~2022年我国健康险保费收入及GDP增长率

资料来源：国家统计局以及国家金融监督管理总局网站。

（二）健康险保费在保险业总保费中的占比出现下滑

在保险业总保费中，寿险保费收入占比达 52.21%，健康险保费收入占比达 18.43%，财产险保费收入占比达 27.07%（见图2）。与2021年末相比，健康险保费收入占比下降了 0.39 个百分点，近5年来首次出现下降（见图3）。

（三）财产险公司健康险保费收入增速高

2022年人身险公司健康险保费收入 7073 亿元，同比增长 0.6%。从保费收入结构来看，市场持续以疾病保险为主，2020~2022年保费收入占比分别为 71.2%、66.5%、65.0%，呈持续下降趋势。同时，医疗保险的占比有一定提升，三年保费占比分别为 27.3%、31.5%、30.9%（见表1）。

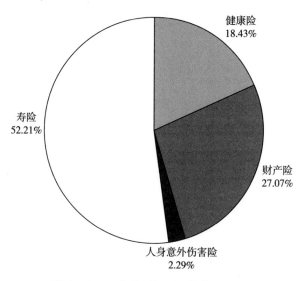

图2　2022年保险业保费收入结构

资料来源：国家金融监督管理总局网站。

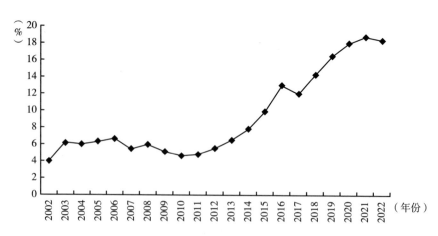

图3　2002~2022年我国健康险保费在保险业总保费中的占比

资料来源：国家金融监督管理总局网站。

表1 2020~2022年我国人身险公司保费险种结构

单位：%

	2020年	2021年	2022年
疾病保险	71.2	66.5	65.0
其中：重疾保险	64	61.3	59.3
医疗保险	27.3	31.5	30.9
护理保险	1.5	1.96	4.0
失能收入保险	0.04	0.04	0.03

资料来源：调研交流材料。

财产险公司健康险保费收入1580亿元，同比增长14.7%。财产险公司健康险业务结构高度集中，以医疗险为主，保费占比92.4%，疾病险、护理险和失能险占比分别为5.9%、1.5%和0.2%。

（四）健康险赔付支出降幅最大

2022年，保险业原保险赔付支出1.55万亿元，同比下降0.79%；其中，健康险赔付支出0.36万亿元，同比下降10.65%；财产险赔付支出0.78万亿元，同比增长0.90%；寿险赔付支出0.38万亿元，同比增长7.09%；意外险赔付支出0.04万亿元，同比下降4.29%。

（五）健康保险赔付支出占卫生总费用比例下降

由于2022年健康保险赔付支出下降，健康保险赔付支出在卫生总费用中的占比下降到4.24%。与成熟市场相比，仍然处于较低水平。

（六）健康保险深度略降，健康保险密度保持增长

2021年和2022年健康保险深度分别为0.74%和0.71%，连续两

年出现下降（见图4）。健康保险密度保持较快增长，从2012年的63.47元/人增长至2022年的612.92元/人，说明随着人民群众保险意识的增强，健康保险消费普及程度增加（见图5）。

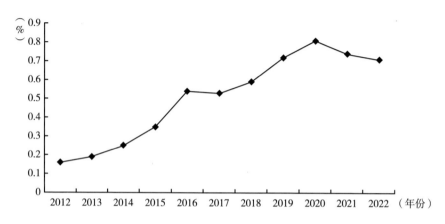

图4 2012~2022年我国健康保险深度

资料来源：国家统计局以及国家金融监督管理总局网站。

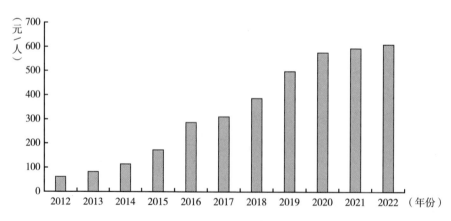

图5 2012~2022年我国健康保险密度

资料来源：国家统计局以及国家金融监督管理总局网站。

（七）保费收入前十大区域市场领先趋势明显

从区域市场看，2022年，健康险保费收入前十大区域市场依次是广东（不含深圳）、江苏、山东（不含青岛）、北京、河南、浙江（不含宁波）、四川、湖北、深圳、河北，保费收入前十大区域市场排名位次与2021年略有不同，浙江位次（不含宁波）超过了四川。前十大区域市场保费在全国健康险总保费中占比达到57.87%。前三大区域市场的健康险保费收入都超过了600亿元。

三　2023年健康险市场发展特征

2023年前10个月，保险业保费收入4.52万亿元，同比增长10.13%。健康险保费收入达8057.29亿元，同比增长4.65%。健康险保费增速比寿险保费增速低了近10个百分点（见表2）。

表2　2022年前10个月与2023年前10个月中国保险业保费收入结构比较

单位：亿元，%

	财产保险	寿险	意外险	健康险	总保费
2023年前10个月	11366.02	24912.74	831.92	8057.29	45167.98
2022年前10个月	10565.19	21806.28	944.30	7699.20	41014.98
同比增长	7.58	14.25	-11.90	4.65	10.13

资料来源：国家金融监督管理总局网站。

健康险供给侧结构调整向纵深推进，表现为以下五个方面。一是重疾险在健康险业务结构中的主导地位受到削弱，新单保费仍在下降。二是代理人渠道有待走出困境。三是惠民保主流模式走向制度定型，减缓人民群众"因病致贫返贫"效果显现。四是健康险市

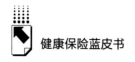

场进一步细分，带病体保险创新值得关注。五是信息化技术进一步应用。

（一）重疾险新单保费收入继续下降

2023年，重疾险新单保费较2022年进一步下滑，延续了2019年以来重疾险新单保费下滑的趋势，且没有逆转的迹象，重疾险新单保费增速在2019年、2020年和2021年分别为-5%、-25%和-35%，2022年重疾险新单保费不到历史高点（2018年）的1/3。2023年上半年，大型险企重疾险新单保费总体降幅约为65%。

重疾险销量下滑的原因有多方面。一是市场已经充分开发，有支付能力的潜在需求转化空间不大。二是在消费降级的大背景下，重疾险尤其是终身带身故责任的重疾险杠杆太低、保费太贵。三是目前百万医疗险和惠民保覆盖了将近2亿被保险人，重疾险在医疗费用补偿方面的功能被取代。四是新客户消费习惯变化，"80后"与"90后"消费习惯与传统消费者有较大不同，偏好从互联网获取信息"货比三家"。

（二）代理人渠道有待走出困境

中国市场的健康险主要分销渠道是代理人渠道，因此代理人渠道的现状和需求也应该是健康险业务发展需要重点考量的因素。2020年之前的重疾险正是满足了增员驱动模式下渠道的需求，为庞大的代理人队伍奠定了稳定的收入基本盘。虽然近两年人身险保费规模大盘较稳定，但产品结构发生了较大变化，以增额终身寿险和中期年金为主的储蓄类产品占比大幅度提升。这意味着对于代理人的生存能力提出了更大的考验，原因在于储蓄类产品的件均保费水平更高、客户群更窄，所需要的代理人也就更少，同时单一代理人服务的客户数量会上升。在这种渠道现状下，寿险公司健康险业务的定位变为帮助代理人维系客户关系、辅助储蓄类产品销售的工具。

疫情虽已过去，但"疤痕效应"导致一部分消费者收入和消费水平下降，也导致对储蓄类重疾险的消费下降，保险代理人的销售难度变大，这个职业相比于快递业、物流业等的吸引力显著降低，代理人脱退率高、增员难成为人身险业务发展的难题。

（三）"惠民保"主流模式走向制度定型

根据政府及主管部门的参与程度，可把惠民保运营模式分为浅度参与型、积极参与型和深度参与型三种模式，截至 2022 年 6 月底，三种模式保费占比分别为 14.82%、66.44%、18.74%。具体来看，在浅度参与型模式下，惠民保运营主要依赖商业推广，而主管部门仅在必要时出席宣传活动，通过其自身强大的公信力为惠民保产品背书，一般不分享基本医保数据。该模式下居民平均参保率较低，仅为 14.38%。在积极参与型模式下，医保主管部门对惠民保运营的参与度有所提升，分享基本医保数据，提供一站式结算，指导产品设计，实现了职工医保个人账户资金划扣缴纳保费，该模式下居民平均参保率达到 21.88%。在深度参与型模式下，除了以上模式的举措之外，各级政府对惠民保的投保进行组织发动，参保率指标纳入县（区、市）政府考核。该模式下居民平均参保率明显提升，高达 67.26%。本报告把政府积极参与型和深度参与型两种模式界定为惠民保的主流模式。

在地方政府和主管部门的积极推动下，惠民保主流模式已取得明显成效，改革成果得到巩固，制度改革正走向制度定型。①

1. 基层政府对惠民保投保进行组织动员的举措走向制度定型

政府深度参与型模式的特点是借助基层政府网格化力量进行参保

---

① 虞崇胜：《制度改革与制度定型：改革开放 40 年后中国制度发展的双重合奏》，《行政论坛》2019 年第 5 期。

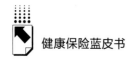

动员，分享了基层政府组织资源。① 激励措施是把惠民保参保率指标纳入各县（区、市）政府年度目标责任制考核指标。但是，在2020~2022 年，多数城市对县（区、市）政府的惠民保指标考核一年一议，制度不稳定，可预期性较差。

进入 2023 年以来，浙江省人民政府推行公共服务"七优享"工程②，浙江省多数城市把惠民保纳入当地公共服务"七优享"工程当中，惠民保参保率成为 2023~2027 年每年对县（区、市）政府的考核指标。比如，宁波市要求各县（区、市）政府 2023~2027 年每年惠民保参保率分别达到 38%、40%、50%、70% 和 70%。由于被列入了政府公共服务"七优享"工程五年规划，政府深度参与型惠民保模式对县（区、市）政府的考核举措在较长时期内将保持稳定。

2. 医保主管部门的支持措施走向制度定型

在政府积极参与型和深度参与型两种模式下，医保主管部门对于惠民保的发展都给予了政策支持，这些措施包括主管部门分享基本医保数据、提供一站式结算、指导产品设计，实现了职工医保个人账户资金划扣缴纳保费。上述措施已经常态化和标准化，可预期程度强。

3. 惠民保功能定位向健康管理平台延展，在越来越多的城市得到认同

2023 年，珠海市打造惠民保综合性"健康管理平台"。在已开展的恶性肿瘤早筛服务基础上，进一步推进恶性肿瘤等重大疾病以及高血压、糖尿病两种慢性病的早筛早诊早治，并提供相应的健康管理服

---

① 阎建军、于莹：《中国健康保险发展报告（2022）》，社会科学文献出版社，2022。

② 《浙江省人民政府办公厅关于印发 2023 年政府工作报告重点工作责任分解的通知》提出，实施公共服务"七优享"工程。聚焦"幼有善育、学有优教、劳有所得、病有良医、老有康养、住有宜居、弱有众扶"七大领域公共服务，大力推进公共服务普惠均等可及，持续增进民生福祉，为实现"两个先行"提供有力支撑。

务。癌症风险筛查病种增加至 10 种，启动实施高血压和糖尿病"两病卫士"健康管理服务项目，珠海市 16 家服务机构已完成签约并正式为参保人提供"两病卫士"服务。

2023 年 5 月初，深圳市专属重大疾病保险全新升级为"深圳惠民保"，重点突出对医保目录外高额医疗费用的保障，同时免费提供癌症早筛、代煎中药、健康测评、图文问诊、健康直播、疾病评估六项增值健康服务。

2023 年 11 月初，广州市惠民保推出了"健康行"，不定期提供免费的健康管理服务。第一期"健康行"将赠送"两病卫士"服务，通过问卷评估，筛选高血压、糖尿病高风险或患病被保险人，为其提供健康管理服务项目，积极预防冠心病、脑梗死、肾脏及视网膜病变、糖尿病足等严重并发症的发生及发展。发生的相关服务费用和检验检查费用，均由惠民保 100% 支付。

（四）带病体保险创新值得关注

1. 次标体重疾险创新

长期以来，为降低逆选择风险，我国重疾保险的承保对象基本限定为健康人群，重疾保险产品同质化严重，竞争日趋激烈。近年来，重疾保险市场趋于饱和状态，增长乏力，各保险公司对健康体客群的挖掘已接近极限。同时，重疾保险的理赔日益严峻，各家保险公司的重疾保险理赔支出也不容乐观。

2022 年以来，部分保险公司开始关注规模庞大的次标体保险市场，探索次标体重疾保险，满足亚健康人群的疾病保障需求。次标体重疾险特点在于投保门槛低、健康告知要求少，目标客群为不能够投保传统重疾保险的慢性病人群。如 2022 年 11 月，友邦人寿保险有限公司推出了"友邦如意悠享系列重大疾病保险"，是市场上首款为次标人群定制的终身重疾保障。2023 年上半年，中汇人寿保险股份有

限公司推出了次标体重疾保险——"爱守护（易保版）终身重大疾病保险"，首次将"事前专病管理"纳入产品责任中。

2. 专病保险创新

专病保险是聚合医疗服务和医疗保障的带病体保险，面向某个细分疾病的患者。2022年，阳光财险开发了"血糖保·糖尿病医疗险"在蚂蚁保平台销售。该产品既保障了二甲双胍等降糖药品，也提供了血糖仪及血糖监控管理服务，还具有糖尿病并发症医疗保障。2023年，中邮人寿"臻享安心"高血压慢病产品计划上线销售，为广大的高血压人群提供了专业的血压管控服务和降压药品保障，解决了高血压患者及家属在血压控制和监测方面的痛点。

（五）信息化技术进一步应用

信息化技术和医疗大数据的应用，促进了医疗产业和保险行业的融合，给患者、保险公司、医疗机构三方都提供了高效、便利的数字化服务，同时也让保险业的定价能力和风控能力得到了进一步的提升，促进了风险减量管理服务与健康保险业务的融合。

具体来说，风险筛查方面，通过多模态数据监测+筛查算法模型技术来分析疾病潜在的变异性异常，以此来判断未来5年、10年相关疾病的复发核心指标，最终结合患者身体素质情况进行融合计算，筛查出未来某项疾病潜在的复发风险。控费方面，基于对疾病的理解以及深度学习、知识图谱、数据建模等AI技术基础，可以将疾病风险因素、治疗路径等信息导入投保人群健康风险和费用模型中，精准预测人群未来医疗花费风险，从而帮助产品定价、理赔控费。

四　长期护理保险发展情况

我国人口老龄化程度不断加深，但老年护理行业尚处于起步阶段，顶层设计、基础设施等方面仍不完善。根据中国保险行业协会和瑞士再保险公司研究报告预测，中国 2030 年长期护理服务需求将至少翻一番，达 3.1 万亿元，市场空间广阔。

（一）国内商业长护险发展概况

1. 发展背景

老龄化程度加深，催生居民长期护理保障需求。按照联合国设定的标准，当 65 岁及以上人口占总人口的比重分别达到 7%、14% 和 20% 时，一个国家及地区相应进入初级、深度和高度老龄化社会。而我国这一比重早在 2000 年就达到了联合国规定的初级老龄化社会标准线；截至 2022 年末，我国 65 岁及以上人口数量为 20978 万人，占比 14.8%，标志着我国正式进入深度老龄化社会。中国发展研究基金会发布的《中国发展报告 2020：中国人口老龄化的发展趋势和政策》预测，我国 2035 年 65 岁及以上人口数将超过 3 亿，进入高度老龄化社会；2050 年我国老龄化程度或达到峰值，预计 65 岁及以上人口数为 3.8 亿，占比高达 27.9%（见图 6）。随着老年人口的迅速攀升，需要照顾及护理的失能、半失能老年人将逐渐增加，但目前我国人口出生率呈明显的下降趋势，家庭规模持续缩小，传统的家庭护理模式显然已经无法适应当前及未来形势。

老年人健康水平下降，亟须长护险提供相应的保障。我国老年人健康状况整体不容乐观。国家卫健委数据显示，2021 年我国约有 1.9 亿老年人患有慢性病，失能、半失能老年人约为 4000 万，认知障碍老年人超过 1500 万。与此同时，我国人均预期寿命不断提升，2021 年达到 78.2 岁，较上年提升 0.3 岁。由慢病等因素导致的老年人长寿不健康的问题越来越棘手，预计老年人护理费用支出将持续攀升，普通家庭未来或难以负担专业机构昂贵的护理费用。

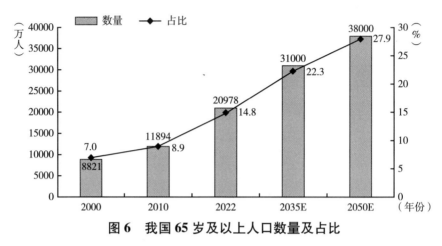

图6　我国65岁及以上人口数量及占比

资料来源:《中国发展报告2020:中国人口老龄化的发展趋势和政策》。

2. 发展历程及现状

商业长护险是一种商业健康险,具体是指投保人缴纳保费,当被保险人出现由疾病、衰老或意外事故造成的不同程度的失能状态时,由保险公司按照合同约定对所产生的护理费用进行补偿的一种保险。

2005年国泰人寿推出中国第一款商业长护险,随后几年行业积极探索试水,但始终未激起水花,直至2013年险企经历了寿险费率市场化改革后,将护理险以返还型理财险的形式投入市场,才迎来了短暂的增长。然而2017年以来,在监管推动保险回归保障本源的政策基调下,商业长护险增速放缓,其保费收入占同期健康险保费收入的比例一直未曾超过5%,整体体量较小。

当前我国商业长护险发展主要呈现以下特点。一是产品种类不断丰富。截至2023年6月,市面上已相继推出320余款商业长护险,其中在售94款。各家保险公司为尽可能地满足市场客户日益增长的老年长期护理保障需求,坚持对产品进行完善和创新。当前,多数长护险产品以提供风险保障功能和长期储蓄功能为主,渠道主要包括个人保险和团体保险。二是产品规范程度持续提升。保险条款的专业性提升，如对于失能的界定标准、护理等级的区分及其给付标准等。三是产品缴费方式灵活多样。大部分保险公司商业长护险基本都设置了不同的缴费期限，以满足消费者多样化需求。

3. 政策梳理

2006年，原保监会审议通过了《健康保险管理办法》，明确规定护理保险为商业保险公司可经营的健康保险产品之一。随着我国老龄化程度的加深和失能人员数量的增长，国家陆续出台相关政策引导商业护理保险发展，以满足失能人员的护理需求。尤其是2013年以来，国家相关部门密集出台一系列政策，规范和鼓励商业长护险发展（见表3）。

表3　我国商业长护险相关政策梳理

时间	政策名称	发文部门	主要内容
2013	国务院关于促进健康服务业发展的若干意见	国务院	积极开发长期护理商业保险
2014	国务院办公厅关于印发深化医药卫生体制改革2014年重点工作任务的通知	国务院	积极开发长期护理商业健康险产品
2016	中华人民共和国国民经济和社会发展第十三个五年规划纲要	国务院	鼓励有条件的地方开展政策性长期护理保险试点，推广长期护理商业保险产品
2016	关于开展长期护理保险制度试点的指导意见	人社部	鼓励商业保险公司开发适销对路的保险产品和服务，发展与长期护理社会保险相衔接的商业护理保险，满足多样化多层次的长期护理保障需求
2017	国务院办公厅关于加快发展商业养老保险的若干意见	国务院	大力发展老年人长期护理商业保险
2019	健康保险管理办法	银保监会	进一步明确护理保险定义，护理保险是指按照合同约定为被保险人日常生活能力障碍引发护理需要提供保障的保险

续表

时间	政策名称	发文部门	主要内容
2020	关于促进社会服务领域商业保险发展的意见	银保监会等13部门	加快发展商业长期护理保险,探索将商业长期护理保险与护理服务相结合
2021	关于规范保险公司参与长期护理保险制度试点服务的通知	银保监会	从提升专业服务能力、完善信息系统、强化风险管控等9个方面规范了保险公司参与长护险试点的经营服务行为
2023	关于开展人寿保险与长期护理保险责任转换业务试点的通知	银保监会	鼓励将处于有效状态的人寿保险保单中的身故或满期给付等责任,通过科学合理的责任转换方法转换为护理给付责任,明确了责任转换方法、适用产品范围、护理状态判定条件等要求

(二)我国长护险发展模式

1. To C型商业长护险模式

To C型商业长护险主要面向中高端客户,并根据细分客户特征推出三类主要产品,分别为针对风险厌恶型客户开发的纯保障独立型商业长护险,针对重视储蓄客户推出的组合型商业长护险,针对团体客户形成的团体型商业长护险(见图7)。

一是独立型商业长护险。独立型商业长护险是我国护理险市场的早期产品,其将长护险设计为产品主险,将护理金和护理服务作为产品保障责任,产品结构条款简单。但因产品专业性要求较高,且消费者对长期护理险的认知度和接受度较低,导致其当前销量较差。但从长期来看,独立型长护险作为纯消费型险种,符合风险分散和损失补偿原则。未来,随着居民护理保障意识的提升,该类产品或将成为长期护理保险的主流产品之一。

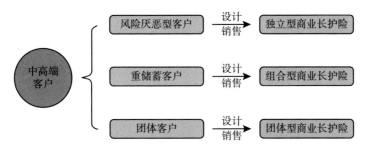

图 7　To C 型商业长护险产品概况

二是组合型商业长护险。该类产品将长护险以主险的额外给付责任或提前给付责任的形式设计为组合型产品的附加险,与寿险或年金等具有较强储蓄属性的产品进行捆绑销售。这样,不仅弥补了独立型产品保单责任单一、"非用即失"等缺点,而且符合大部分保守型消费者的购买习惯,因此成为当前主流商业长护险产品形态。

三是团体型商业长护险。该种产品形式在国外较为流行,如在美国其占比可达 40%,但在我国目前仍为空白。而与个人型长护险相比,团体型长护险优势明显:在价格上,因销售费用、逆向选择风险的降低,团体保险费率较同类个人产品具有明显的价格优势;在风险控制上,因团体承保无形中扩大了被保险人的规模和基数,有利于险企进行风险分散;在缴费方式上,团体保险的保单条款可以协商制定,保费缴纳可以根据消费者需求,灵活选择采用雇主交纳或雇员交纳以及雇主与雇员共同交纳的方式;在保障责任上,共用资金池可以提供团体共用的额外保障,提高产品风险保障水平。因此,预计未来10~20 年,随着我国在职人口平均年龄的提升,团体型长护险或将作为企事业单位员工福利计划之一,向在职和退休员工提供长期护理保障。

2. To G 型商业长护险模式

To G 型商业长护险是指与社保长护险制度衔接的普惠型产品,

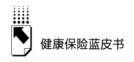

其由地方政府及相关部门指导、保险公司商业运作，为社保长护险进行补充支付（见图8）。当前，我国仍处于试点阶段，试点政策采用的是"以收定支"的一年期产品形式。

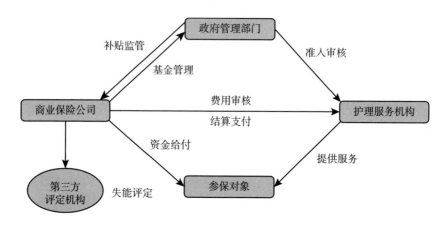

图8　To G 型商业长护险运行模式

受制于有限的筹资能力和庞大的失能人口基数，各地长护险试点政策提供的支付水平对于失能人员的护理需求来说仅是杯水车薪。以上海市为例，长护险试点政策对居家照护模式下的失能老人平均每天仅能提供1小时服务时间，而重度失能老人需要全天的照护服务，二者之间存在巨大的缺口，且试点政策提供的补助与失能人员实际护理费用支出之间也存在较大差距。

3. To P 型商业长护险模式

To P 型商业长护险是指险企以商业长护险产品为纽带，以连接长护服务平台为主要特色，间接打通失能状态评估、护理计划设计、护理服务协调、健康管理等环节，发挥商保支付端功能，优化护理服务资源配置，为客户提供一站式服务的商业模式。

但我国 To P 型模式尚未发展起来，一方面是因为长护服务平台缺少运营基础，无法向市场输出标准统一、质量较高的长护服务内容。目前我国护理服务供应处于起步阶段，存在着护理服务标准缺失、护理服务水平参差不齐、专业护理人员不足等问题，导致大部分险企将商业长护险保障责任设计为定额给付的形式，极少将护理服务作为赔付方式。另一方面是因为我国 To P 型模式发展起步较晚，暂未形成可在市场推广的成熟模式。相较于国外运用人工智能等技术把长护服务平台打造成可覆盖全国各市各区各县的专业服务提供商网络，我国当前仅有养老服务机构信息查询网站，尚未出现护理机构查询和咨询网站，以及可为保险公司提供失能评估、护理评估与护理服务协调等综合解决方案的平台或机构。

（三）国内险企商业长护险发展案例：以泰康为例

泰康目前在售且主推的商业长护险——"泰康照护有约长期护理保险计划"（以下简称"照护有约"）以保险计划的形式向客户销售，其由主险"泰康照护有约长期护理保险"和附加险"泰康附加照护有约两全保险"组成。

从理赔条件来看，对于商业长护险来说，理赔状态的界定和理赔金额的确定是产品设计的核心，也是产品运营的基础。关于理赔状态的界定，"照护有约"对长期护理状态的定义采用了具有一定权威性和公众认可度的巴氏量表和简易智能精神状态量表（MMSE）：当巴氏量表评分结果显示在 31~60 时，被保人被判定为基本失能；当巴氏量表评分结果显示在 0~30 时，被保人被判定为高度失能。此外，当简易智能精神状态量表评分未超过 15 时，被保人被判定为具有严重认知障碍。关于理赔金额的确定，"照护有约"延续了公司保险产品对接实体服务的经典战略，一方面，明确指出当客户所购产品的标准保费达到一定标准后，可获得泰康之家护理中心的入住函；另一方面，为后续能够合理有效地对接泰康之家护理中心，"照护有约"参考其基于《长期护理失能等级评估标准（试行）》文件和照护成本形成的分级收费标准（见表4），为客户设计了三档保额，即从基本失能给予100%保额，到高度失能给予150%保额，再到失能且具有严重认知障碍给予额外30%保额。并且特别保险金考虑到了被保人在特殊状态下的老年痴呆照料和认知能力恢复成本，进一步提升了产品在市场上的竞争力。

表4　泰康护理社区分等级收费标准及护理内容

护理等级	收费标准	护理内容
护理一级	5600元/（人·月）	协助更换清洗床上用品、协助打餐、定期护理巡查、提醒服药等
护理二级	7100元/（人·月）	增加协助晨晚间护理、指导辅助使用轮椅等工具、协助如厕和服药等
护理三级	8600元/（人·月）	增加协助定时翻身、扣背，更换尿垫、尿裤服务，尿失禁、腹泻、便秘等护理，提供肢体功能锻炼服务等
护理四级	10600元/（人·月）	增加提供鼻饲饮食、呼吸道护理（吸痰）、人工气道护理（气切）等
护理五级	13600元/（人·月）	增加检测生命体征，提供认知、情绪、异常行为护理等

从赔付模式来看，一是"照护有约"采取了给付保险金的形式，而非直接向客户提供护理服务。从客户角度分析，保险金的给付形式为客户保留了选择其他护理形式的自主权，更易于被客户接受；从保险公司角度分析，保险金定额给付的责任形式，不仅能够帮助险企规避未来因护理服务成本上升而带来的赔付成本压力，而且使产品端的成本相对更加清晰可控。二是赔付金额按月给付，可在一定程度上缓解客户压力，及时足额缴纳护理费用。

从观察期的设置来看，120天的观察期能够帮助公司避免出现在短期内完成出险程序但被保人病情迅速恢复的赔付案例，便于险企有效控制赔付成本（见表5）。

表5　泰康照护有约长期护理保险计划介绍

产品名称	泰康照护有约长期护理保险
投保年龄	40~70 周岁
交费方式	趸交,3/5/10 年交
保障期限	保障至 106 周岁
等待期	180 天
观察期	120 天
保障责任	1.失能保险金(最高给付上限为 180 个月): 　基本失能,100% 基本保额; 　高度失能,150% 基本保额。 2.严重认知障碍特别保险金: 　失能且严重认知障碍,额外给付 30% 基本保额。 3.豁免保费: 　被保险人失能,豁免未来保费
赔付方式	保险金给付,月付
产品名称	泰康附加照护有约两全保险
投保年龄	40~70 周岁
交费方式	趸交,3/5/10 年交
保障期限	30 年
保障责任	1.生存保险金: 　被保险人期满时仍然生存,按两全险基本保险金额×交费期间(年数)给付。 2.身故保险金: 　被保险人期满前身故,基本保险金额×身故时的保单年度数; 　被保险人期满后身故,基本保险金额×交费期间(年数) 3.豁免保费: 　被保险人失能,豁免未来保费

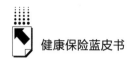
五 税优新政发布，健康险面临良好发展机遇

2023 年 7 月 4 日，国家金融监督管理总局发布《关于适用商业健康保险个人所得税优惠政策产品有关事项的通知》（以下简称《通知》），自 2023 年 8 月 1 日起实施。

（一）政策出台背景

作为我国多层次医保体系的组成部分，税优健康险发展受到业内关注。原保监会于 2015 年下发了《个人税收优惠型健康保险业务管理暂行办法》，经试点之后向全国推广。根据行业最新数据，截至 2022 年底，共有 26 家人身险公司开展了该项业务。行业累计承保保单 58.5 万件，累计实收保费 33.3 亿元。累计保单件数排名前 3 的公司为中国人寿、太保寿险、人保健康，行业占比分别为 40%、20%、7%。累计保费排名前 3 的公司为太保寿险、人保健康、英大泰和人寿，行业占比分别为 29%、16%、11%。

试点 8 年来，个人税收优惠型健康险年均保费不超过 5 亿元，占健康险总保费的比例不足千分之一。个人税收优惠型健康险发展状况低于预期，主要原因涉及几个方面。一是产品以医疗型为主，但对年轻人来说 2400 元每年限额可能用不足，对于老年人来说额度又不够用。二是标准条款的问题，所有公司经营税优健康险仅 ABC 三款条款，本质内容差别不大，保险公司缺乏自主性。三是税优健康险要求保险公司差额返还、保本微利，保险公司投入高、回报低。此外，抵税手续过于复杂，大多需要单位集体投保，需要单位配合。

党的二十大报告明确提出"促进多层次医疗保障有序衔接""积极发展商业医疗保险"，在此背景下，有关部门对商业健康险个人所得税优惠政策进一步完善，推出了健康险税优新政。

（二）政策主要内容

1. 扩大产品适用范围和人群

此前税优健康险产品采取万能险方式，仅包含医疗保险和个人账户积累两项责任（其中，医疗保险补偿自负的医疗费用，个人账户积累仅可用于退休后购买商业健康保险和个人自负医疗费用支出），尤其是个人账户的设定限制了纳税人参与的积极性。《通知》作出以下调整。一是扩大适用产品范围。除了医疗保险之外，调整后的税优健康险还包括了符合要求的疾病保险和长期护理保险。其中，医疗保险的保险期间或保证续保期间不低于3年，疾病保险和长期护理保险的保险期间不低于5年。二是扩大被保险人群体。投保人可为本人投保，也可为其配偶、子女或父母投保。

2. 不再设置标准化条款

原来的政策措施提出了包括简单赔付率不得低于80%、允许带病投保且保证续保、不得设置免赔额等要求。《通知》不再对税优健康险产品设计标准化条款，仅对既往症人群设置承保要求。一是删除"微利经营原则"。二是优化"不得因被保险人既往病史拒保，并保证续保"的限定要求，改为"税优健康险投保人为本人投保的，不得因既往病史拒保或进行责任除外；可针对既往症人群设置不同的保障方案，进行公平合理定价；医疗保险的保险期间或保证续保期间不低于3年"。三是删除"医疗保险简单赔付率不得低于80%，低于80%的差额部分返还到所有被保险人的个人账户"，优化调整为对"三年综合赔付率指标低于精算假设80%"和"三年累计综合赔付率指标低于65%"的产品强化事后回溯分析，确保定价合理、经营可持续。四是删除"医疗保险不得设置免赔额"。五是删除"不得对个人账户收取初始费用等管理费用"。

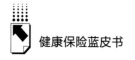

3. 明确险企资质要求，确保经营主体具备相应的服务能力

《通知》规定，可开展适用个人所得税优惠政策的商业健康保险业务的人身保险公司应符合上年度末所有者权益不低于30亿元；上年度末综合偿付能力充足率不低于120%、核心偿付能力充足率不低于60%；上年度末责任准备金覆盖率不低于100%；具备符合要求的业务管理系统，并与商业健康保险信息平台完成系统对接。按照上述标准测算，目前市场符合条件、可开展适用个人所得税优惠政策商业健康保险业务的险企大概在40家左右。

（三）税优健康险新政将带来行业新的发展

根据2020年银保监会印发的《关于促进社会服务领域商业保险发展的意见》，商业健康保险市场规模到2025年将力争超过2万亿元。但近年来由于代理人下滑、重疾险饱和等因素，健康险发展遇到瓶颈，增速放缓，规模距离2万亿元目标差距较大。税优新政的出台，有利于通过税收杠杆刺激和释放商业健康保险需求。

分险种来看，医疗险方面，从商业健康险覆盖范围来看，最需要保障的"非标体""带病体"人群反而难以有效参保。《2020年中国百万医疗险行业发展白皮书》指出，中国居民符合"健康"定义的仅占15%，除去患疾发病人群，有70%的人正处于亚健康状态，随着老龄化的不断深入，这一比重仍有上升趋势，而目前市场针对老年人群、非标人群的健康保障产品缺口仍然很大。

重疾险方面，尽管需求暂时疲弱，但当前重疾险保单保障水平仍不充分，单均保额与潜在的重疾医治费用仍有较大差距。将重疾险纳入税优范围折射出监管对保障型业务的支持态度，有助于提振重疾险销售。特别是消费型定期重疾产品，其保障期间与个税缴纳期间较为吻合，保费低，保障杠杆高，相对于主流终身重疾险，其形态和功能更加符合税优健康险。

护理险方面，我国已开展长期护理保险试点，目前主要以政策性保险为主导，而商业护理保险市场呈现规模小、产品价格高、保障功能弱、产品特色不明显等特征。同时，结合 2023 年 5 月 1 日起开展的人寿保险与长期护理保险责任转换业务试点的推进，长期护理保险有望实现突破。

"税优政策+医保数据共享"双管齐下，有利于险企加强医疗风险管控、提升业务质量。《国家金融监督管理总局与国家医疗保障局关于推进商业健康保险信息平台与国家医疗保障信息平台信息共享的协议（征求意见稿）》已在征求各省医保部门的意见，通过分享基本医保数据资源，提高保险业经办大病保险、长期护理保险等政策性险种的能力，支持商业健康险与基本医保、大病保险和医疗救助有效衔接，缓解"因病致贫、因病返贫"，管控不合理医疗费用，满足多样化的医疗保障需求。

市 场 篇
Market Reports

B.2
2022~2023年健康险产品演进分析

王明彦　丁莹　孙啸辰　陆静　郭炜钦*

摘　要： 从健康险产品结构看，2020~2022年，疾病保险、医疗保险、护理保险和失能收入保险的相对关系发生了一些变化，疾病保险的占比下降，医疗保险的占比提升，护理保险和失能收入保险相对稳定。2023年，重疾险新单保费较2022年进一步下滑，原因可以归结为渠道变革和客户需求两个方面。受惠民保快速增长的影响，百万医疗险新单下降趋势渐显。人身险公司对税优健康险产品开发热情较高，多款新品上市。

关键词： 疾病保险　医疗保险　税优健康险

---

* 王明彦、丁莹、孙啸辰、陆静、郭炜钦均为中国精算师协会会员或准会员。

前　言

2014年以来，在民众保障意识觉醒、监管部门引导保险回归保障、保险公司积极转型的大背景下，健康险增速较快。但2020年以来，健康险发展面临的外部环境和内部环境都发生了剧烈的变化。寿险公司高举渠道改革的旗帜，破除沉疴宿疾，个险渠道代理人数量持续下降。我国经济增长呈现放缓趋势，民众收入增速下降，导致购买保险这种非渴求消费品的意愿降低。随着健康险普及程度的提高，产品推广的边际效率递减。各种因素叠加使得近两年健康险保费收入的增速进一步放缓。2021年健康险保费收入相比2020年增速仅为3.4%，这也是自2015年以来健康险增速首次低于5%；2022年全年健康险保费收入8653亿元，增速约为2.4%，比2021年增速更低（见图1）。

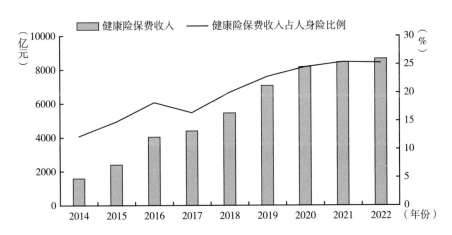

图1　2014~2022年我国健康险保费收入及占比

资料来源：根据公开数据整理。

从健康险产品结构看，2020~2022年，疾病保险、医疗保险、护理保险和失能收入保险的相对关系也发生了一些变化，疾病保险的占

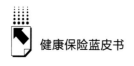
比从 70% 降到 65%，医疗保险从 27% 提升到 31%，护理保险和失能收入保险相对稳定。

一　2022~2023年重疾险演进趋势

相比于过渡期后的首批新定义重疾产品，2022 年主力公司的重疾产品形态升级更多的是在维持原有形态基础上做微调，改善边际，而创新责任较少。本报告将从 2022~2023 年重疾险市场概况和产品演进趋势两个方面进行重疾险发展趋势的研究。

（一）市场概况

2023 年，重疾险新单保费较 2022 年进一步下滑。事实上，重疾险新单保费从 2019 年就已经开始下滑，只不过下滑幅度较小（约为 5%），还没有引起行业关注；2020 年重疾险新单保费下滑了 25%，当时行业将重疾险下滑归因于旧定义炒停售和疫情；2021 年重疾险新单保费继续下滑 30%~40%，行业开始真正思考重疾险何去何从；2022 年下滑速度更快，将这些数字叠加起来看，重疾险新单保费自 2019 年就开启了加速下滑的态势，且没有逆转的迹象，2022 年重疾险新单保费不到历史高点（2018 年）的 1/3。2023 年上半年，大型险企新单保费总体降幅约为 65%。

重疾险销量下滑的原因，可以归结为行业发展和客户需求两个方面。行业发展方面，人海战术逐渐失效，代理人增员驱动模式难以为继。客户需求方面，医疗险的快速发展对重疾险形成了"挤出"效应。我们调研了行业内 200 名来自各家主要保险公司和经纪公司的精英代理人，调研问题是近两年在重疾险销售中遇到的最大阻碍是什么，调研结果如图 2 所示。

调研结果反映了两个突出问题。第一，在消费降级的大背景下，

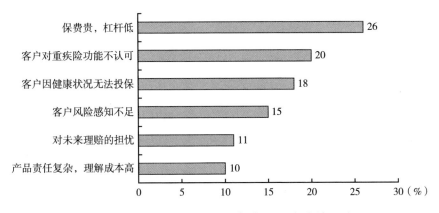

图2 代理人调研——客户购买重疾险的阻力

资料来源：中再寿险。

重疾险尤其是终身带身故责任的重疾险保障杠杆太低、保费太贵。第二，客户对于重疾险功能不认可，这主要是因为健康险市场的险种结构发生了重大变化。重疾险在中国的起源和发展均先于医疗险，这主要是因为中国基本医疗保障制度的建立和完善时间较晚，医疗险产品是基于基本医疗保障制度相对稳固之后才会出现。因此，在医疗险普及程度较低时，重疾险有较高的市场需求，但目前百万医疗险和惠民保覆盖了将近2亿被保险人，重疾险在医疗费用补偿方面的功能被取代。

（二）产品演进趋势

2022~2023年，产品责任创新和结构创新都较少，产品升级主要体现在交费期的减免（N-1/N-2）。在重疾险的繁荣期，可以通过责任创新来设计提高件均保费、提升产品新鲜度，也可以通过模块化设计等结构创新来满足不同消费能力客户群的需求。而在当前外部环境发生较大变化的背景下，责任创新和结构创新都较难挽救重疾险的销量颓势。

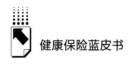

1. 产品结构创新

近两年上市的多款终身重疾险中都出现了特定保单年度之前或特定年龄之前重疾保额提升的设计。此类责任设计实际上是在终身重疾的基础上增加了一个定期重疾，或者是在终身重疾基础上将高年龄段责任进行削减，其目的是提高整个重疾产品的保障杠杆（见表1）。这种设计在日本的寿险市场比较流行，本质上是消费者保障意识觉醒后，保险公司通过产品设计来调整保障和储蓄这两个属性的结构配比。

表 1　平准保额之上额外给付型重疾产品

序号	保险公司	产品名称	重疾额外给付类型
1	阳光人寿	倍享阳光	60 岁之前额外赔 100%
2	和泰人寿	超级玛丽 6 号	60 岁之前额外赔 100%
3	国富人寿	达尔文 6 号	保单前 5 年额外赔 80% 保单满 5 年至 60 岁前额外赔 100%
4	同方全球人寿	凡尔赛 PLUS	60 岁之前额外赔 80% 60~65 岁额外赔 30%
5	横琴人寿	小飞象	保单前 30 年额外赔 60%
6	招商仁和人寿	青云卫 2 号	保至 70 岁/终身:60 岁之前额外赔 60% 保 30 年:保单前 15 年额外赔 60%
7	北京人寿	大黄蜂 7 号	保至 70 岁/终身:保单前 30 年额外赔 60% 保 30 年:保单前 10 年额外赔 60%

资料来源：根据公开资料整理。

2. 产品责任创新

重疾险的产品责任创新在 2022 年、2023 年几乎进入瓶颈期，新增责任会让重疾险价格进一步上涨，加剧重疾险的销售低迷。病种方面，除了某些中小公司继续扩展病种外，市场大部分主流产品均没有更新病种数量。分级给付方面，"轻症、中症、重疾"几乎已成为所有重疾产品的标配，但轻症和中症从必选项退化到了可选项。特定疾病额外给付方面，其在少儿重疾险中依然活跃，原因是少儿重疾险价格足够便宜，杠杆较高，且白血病等少儿重疾在客户感知中较强烈。多次给付方面，个别大型险企将产品重心由单次重疾险转移到多次重疾险，一方面，多次给付可以制造出更大的杠杆，配合"买一个，赔五次"等销售话术；另一方面，主推多次给付产品一定辅以定价水平的降低，因多次给付所增加的成本需要被单次重疾所压缩的利润空间吸收，否则在消费降级环境下也很难销售。2023年8月，中国人民健康保险股份有限公司推出癌症赔付无限次的终身重疾，是行业首个无限次赔付的产品。

二 2022～2023年百万医疗险演进趋势

（一）市场概况

2020年之前，百万医疗险单量实现了快速累积，而这一趋势在2021年戛然而止，百万医疗险逐渐过渡到存量经营阶段（见图3）。主要原因有三。一是行业发展阶段发生了变化，代理人以增员发展渠道的模式失效，而互联网渠道流量逐渐枯竭。二是惠民保的爆发对百万医疗险造成了分流，虽然百万医疗险对医疗花费的平均减负比例达到48%，远高于惠民保的16%（按照百万医疗险和惠民保市场常见形态进行测算），但消费者对于二者的差异认知并不清晰。三是百万医疗险这种纯消费型的健康险存在消费者天花板，根据我们对代理人进行的调研，相当一部分收入水平和教育水平较高的客户不接受购买纯消费型保险产品。

从新单和续期的结构来看，2022年主力公司百万医疗险（包含一年期和长期医疗）业务中，新单占总量的比例基本在10%～20%（见图4）。新单量与退保量差异不大，使得百万医疗险覆盖的总人群量级在近两年没有发生显著变化。从新单件数变化来看，2022年的百万医疗险新单件数相比2021年下降约40%。

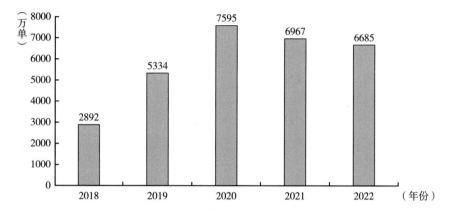

图3　2018～2022年行业头部保险公司百万医疗险合计保单存量趋势

资料来源：中再寿险。

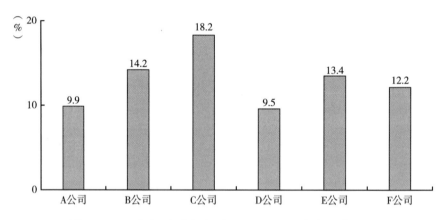

图4　2022年行业头部保险公司百万医疗险新单占比

资料来源：中再寿险。

（二）产品演进趋势

1. 先进医疗是责任创新的焦点

CAR-T疗法由于其较高的价格和较好的治疗效果，成为众多公司升级百万医疗险的首选。如国寿主力医疗险爱意康悦、友邦主力医疗险智选康逸/康惠系列，均在 2022 年的产品迭代中将 CAR-T 作为升级点。自 2021 年 6 月国内首款 CAR-T 药品阿基仑赛注射液获批以来，这一疗法以其高昂的价格、先进的技术和较好的疗效吸引了社会的关注。在保险行业，该疗法也同样受到瞩目，纷纷将 CAR-T 责任包装到保险责任中，相关产品层出不穷。目前保险市场上主流有三类含 CAR-T 责任的产品方向：一是单独的 CAR-T 治疗全流程保障保险，这类产品获客属性极强，不少公司选择将其开发成赠险用来吸引客户，激活沉寂客户，增加准客户储备；二是作为百万医疗险和惠民保的升级点；三是将现阶段市场上的先进药械集合起来，开发先进医疗聚合的保险产品，向上延伸商业医疗保险的保障。

回到百万医疗险升级增加 CAR-T 责任这一话题，升级前的百万医疗险是否保障 CAR-T 责任，也存在着一定的争议，因为在早期的产品开发阶段，该疗法并未问世，在责任设计和定价中也没有考虑这一风险因素。因此，百万医疗险升级增加 CAR-T 责任，也是对之前产品风险的"查缺补漏"。此外，CAR-T 疗法的理赔审核也较为复杂，对于理赔人员也提出了新的挑战。例如，其适应症"用于治疗经过二线或以上系统性治疗后成人患者的复发或难治性大 B 细胞淋巴瘤"，需要理赔人员在调查过程中确定被保险人已经过一线及二线治疗。另外，CAR-T 治疗在回输步骤前，有可能因为患者身体状况而放弃回输，按照药企和客户的协议是可以退还药费的，但实务中发现客户在回输前就找保险公司报销，放弃回输后又拿到了药企的退费，因此 CAR-T 责任在设计上要求被保险人在接受回输后才能申请理赔。但如果百万医疗险对此没有明确规定，则存在一定风险。

此外，平安健康的 e 生保 2023 在前代产品基础上扩展了特药目录，新目录涵盖了两款广谱抗癌药——拉罗替尼、恩曲替尼，并新增了静注人免疫球蛋白、人血白蛋白等 4 大类 10 种重疾辅助常见处方药；众安尊享 e 生 2022 在前代产品基础上新增了乳房假体器械、未

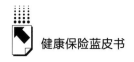
成年人 30 种罕见病用药、未成年 I 型糖尿病胰岛等保障；中英人寿的爱心保长期医疗险也将乳房假体器械费用纳入保障。这些产品在开发和升级时均考虑到先进医疗的纳入，极大地提高了产品的吸引力。

2.0 免赔医疗险

免赔额对于百万医疗险而言像是一把双刃剑，一方面，1 万元免赔额的存在很巧妙地通过将小额住院剔除出保障范围，降低产品赔付频次，将产品保障范围聚焦低频高损风险，降低了百万医疗险的费率，使其当时能够凭借低价高杠杆的定位风靡市场；另一方面，对于此类保险的客户而言，获得理赔的门槛较高，获得感较差，且惠民保的市场教育加速了大部分保险消费者对免赔额的理解，进而加剧了这一矛盾。

随着百万医疗险新单下降趋势渐显，市场也在寻求破局之道。2023 年 3 月，蚂蚁平台好医保品牌率先推出了一年期 0 免赔百万医疗险产品，随后又由人保健康推出保证续保 6 年的 0 免赔百万医疗险产品，形态上采取了一般住院医疗费用 1 万元以下额度 30% 赔付、1万元以上 100% 赔付的形态，摒弃了"免赔额"这一概念。这样的形态兼顾了价格与保障的平衡，1 万元免赔额到 0 免赔额的变化将使得产品的获赔率提升近 10 倍，但 30% 的赔付比例有效控制了医疗费用的成本，和原有 6 年共用 1 万元免赔额的好医保产品相比，费率水平涨幅在 20%~30%，对于年轻客群的吸引力加强作用明显。在互联网渠道的引领下，大型保险公司代理人渠道也在探讨 0 免赔形态的可行性，将其作为百万医疗险客户升级的新选择。

三 2022~2023年长护险和失能险演进趋势

（一）市场概况

在大增员时代，健康险市场的产品供给以重疾险为绝对主力，满足了利润和代理人出单的需求，也因此导致健康险的供给结构严重失衡。随着经济周期的进展，降本增效的高质量发展成为主旋律，增员模式越发难以为继，代理人脱退自然使重疾险销量下滑，可以看到2022~2023年重疾险销量的加速下滑和代理人的脱退形成了恶性循环。

随之，沉淀的代理人以销售储蓄型、规模型产品为主，寿险公司的客群也自然迁移至中年具有财富积累的人群，结合老龄化、养老、资产长期安全性等需求，寿险公司主要以"养老""挪储"等概念销售储蓄型业务，增额终身寿险一度统治了落幕阶段的预定利率3.5%时代。

一方面是客群的年龄迁移至高龄，另一方面是保险的功能迁移至养老。基于此，行业也亟须新的长期健康险产品供给，一方面能够让代理人的留存和开单状况进一步改善，另一方面可以让保险公司在养老金融的竞争里体现保险在保障领域的独特价值，而不是单纯比拼IRR。在此背景下，长护险和失能收入损失补偿保险作为定额给付型健康险被寄予厚望。在护理险方面，随着寿险护理险转换、税优护理险等政策引导，渠道与客户对于护理险的认知也在提高。2022年，长护险市场经营主体较2021年进一步增多，产品形态方面基本上延续了2021年的设计思路。此外，也有对于护理服务责任化的产品探索。从护理险的销售看，经营结果出现较大分化，经营较好的公司，护理险销量可弥补重疾险销量的下滑，某些公司的护理险新单保费已经达到了重疾险的40%。显然，一些公司摸索到了护理险销售的关键点进而取得了理想的成绩。2023年上半年主要是增额终身寿险销售和产品改造阶段，下半年3.0%利率切换之后，市场对于长护险的认知和需求显著提高。

失能收入损失保险相对护理险更符合在职人群的保障需求，客群更广谱。2022年以前失能险市场（尤其是面向个人消费者的供给）基本上是空白，2022年可谓市场从0到1的播种之年，华贵人寿与中再

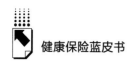
寿险于 2022 年 9 月联合推出了附加于主力定寿"大麦"系列的"附加麦芽糖失能收入损失保险",这是行业首款互联网专属个人失能保险。2023 年,中短期的失能险也备受流量平台的关注,主要给年轻客群提供高杠杆的保障;在个险渠道,失能险则逐步向获客产品的定位发展。

(二)产品演进趋势

人保健康和德华安顾都推出了按服务给付的护理险。以人保健康的"温暖守护中老年护理保险"为例,该产品包括院内照护、院后居家康护和院后居家长期护理的责任,覆盖了疾病急性期、康复期、后遗症期所需要的不同维度的照护和康复服务,并在条款中约定了服务的相关标准。出险之后,客户可以根据条款从指定的服务供应网络内获取护理服务的直付,在护理领域有更强的体验感。给付服务的护理险或者称服务责任化的护理险可以说仍在初期探索中,由于考虑到远期服务成本的不确定性,产品保险期间较短,通常不超过 5 年,此类产品更适合老年人。

四 税优健康险

(一)政策背景:产品和人群扩容,社会属性和商业属性更加平衡

税优健康险新政是 2023 年健康险领域的重要主题之一。2022 年 5 月 8 日,财政部、国家税务总局、原银保监会联合发布《关于进一步明确商业健康保险个人所得税优惠政策适用保险产品范围的通知》,正式拉开了税优健康险政策更新的序幕。经过多轮的行业研讨及征求意见,2023 年 7 月 4 日,新成立的国家金融监督管理总局发布《关于适用商业健康保险个人所得税优惠政策产品有关事项的通

知》，通知自2023年8月1日起正式实施，新政宣告落地。

回顾税优健康险的发展，2015年5月8日，财政部、国家税务总局、原保监会联合发文，开启税优健康险1.0版本的试点，并于2017年正式向全国推广。1.0版本的税优健康险采取万能险方式，包含医疗保险和个人账户积累两项责任，产品形态可以根据不同客群在三种标准类型中选择，被保险人仅限于纳税本人；"无等待期+既往症可保可赔+保证续保至法定退休年龄"等的基础配置，进一步推高了税优健康险产品的吸引力。但税优健康险产品在销售端表现得却不尽如人意，呈现"叫好不叫座"的尴尬境地。行业最新数据显示，税优健康险累计销售保单约58.8万件，累计保费收入仅34.3亿元，相对于健康险每年8000亿元的盘子则略显不足，如何调动供给侧在税优健康险上的开发和运营动力成为一项重要课题。

而此次政策更新，进一步平衡了税优健康险的社会属性和商业属性。一方面，汲取税优健康险政策1.0的试点经验，在产品类型和可承保人群范围上进一步扩容，产品设计上不再提供细化的指引框架，而是以底线思维引导产品方向；另一方面，仍旧维持一定的社会属性，如在医疗险中既往症依旧要求可保可赔，且对于相应的赔付率水平有适当的管理举措。

（二）市场反馈：多款产品上市，产品开发热情较高

截至2023年9月底，人保健康、中国人寿、平安健康、太保寿险、太保健康5家人身险公司陆续推出了16款税优健康险产品，包括10款医疗险、5款长期护理险、1款疾病险，市场反应较为热烈。

1.医疗险

税优2.0政策之下，医疗险不再含有个人账户积累责任且不再提供标准条款，使得税优医疗险的设计也更加倾向于常规消费型的商业医疗险形态，保险公司可以灵活设置差异化的保障范围。基于此，行

业在产品开发时需重点关注两个问题：一是在进入存量时代的医疗险市场中，税优款的医疗险如何定位；二是在缺少行业经验和成熟机制的前提下，既往症人群如何承保。

从已上市的产品来看，税优医疗险健康体计划与主力百万医疗险形态呈现出一定的区隔，如免赔降低至0元、拓展特需部保障等；对于既往症保障来说，一般会考虑按人群区分不同的保障计划，面对既往症人群则提供相对严格的保障待遇。如人保健康惠享安心医疗保险，按风险程度区分了健康体、次标体、既往症三个类别的参保客群：健康体方案提供了包含特需和0免赔的保障方案，与收入层次较高的纳税人群需求相匹配；次标体方案承保的是目前市场上可保的慢病/次标人群，保障待遇对标慢病版百万医疗险；不符合次标要求的客群则被纳入既往症方案，以高免赔额、低赔付比例为该部分客群提供保障的可及性（见表2）。

表2　人保健康惠享安心医疗保险

保险公司		人保健康		
产品名称		惠享安心医疗保险		
参保客群		健康体 纳税本人及家属	次标体 限纳税本人	既往症 限纳税本人
投保年龄		0~60周岁	18~60周岁	18~60周岁
保险期间		1年期,3年保证续保,最高可续保至62周岁		
等待期		30日	60日	60日
主要责任 (普通部)	赔付范围	住院/门特等 自付+自费	住院/门特等 自付+自费	住院/门特等 仅自付
	赔付规则	0免赔 0~1万元70% 1万元以上100% 限额200万元/年	1万元免赔 100%赔付 限额50万元/年	2万元免赔 35%/50%/70%赔付 限额5万元/年
其他责任	特疾特需	罹患特疾拓展 特需部住院治疗 0免赔+100%赔付	—	—

在既往症可保可赔的要求之上，监管允许保险公司对于"治疗特定疾病的医疗费用保险，或者治疗特定疾病的特定药品费用保险和特定医疗器械费用保险"可以仅承保健康体，无须承保既往症人群。这为防癌医疗险、特定药械险带来了发展的空间，如人保健康"好医保"防癌医疗、太保健康"蓝医保"防癌医疗等，都顺势开发了税优版本。

2. 长期护理保险及疾病险

长护险和疾病险属于此次税优 2.0 扩容的产品范围，由于其产品形态的创新空间相对于医疗险来说较小，行业更多的是期待借助税优政策的广泛宣传，加强渠道和客户对长护险、定期重疾险的教育和认知。

其中，人保健康的长相守终身护理险值得一提。该产品具备护理保障和资金保值增值双重功能：一方面，产品在高年龄段提供额外护理关爱金保障，提高保障杠杆，满足高龄客户凸显的护理需求；另一方面，产品现价随保单年度递增，客户有资金需求时可通过减保或者退保的方式取回现价，实现资金保值增值。另外，中国人寿此次也开发了税优长期护理保险，触发护理状态后，最高可以给付 5 年，保障杠杆较高，可投保年龄提高至 70 周岁，加之可享受的税收优惠，极大地满足了中老年客群的需求（见表 3）。

表 3　人保健康的长相守终身护理险和中国人寿的惠众护理保险

保险公司	人保健康	中国人寿
产品名称	长相守终身护理险	惠众护理保险
投保年龄	0~70 周岁	0~70 周岁
保险期间	终身	0~59 周岁：终身/保至 80 周岁 60~70 周岁：保至 80 周岁
等待期	90 日	180 日

续表

保险公司		人保健康	中国人寿
护理金	触发条件	10种特疾+(1~3)级伤残	10种特疾+(1~3)级伤残
	给付金额	一次性给付： 0~18周岁：max（已交保费，现价） 19~60周岁：max（已交保费×160%，现价） 61周岁及之后：max（已交保费×120%，现价×120%，基本保额）	首次给付： 0~40周岁：max（基本保额，已交保费×160%） 41~60周岁：max（基本保额，已交保费×140%） 61周岁及之后：max（基本保额，已交保费×120%） 后续年度给付： 基本保额×50%，最高5次
疾病身故金		max（已交保费，现价）	max（已交保费，现价）

五 2022~2023年健康险细分市场演进趋势

从供给端来看，传统市场的竞争极为激烈，无论是在产品还是在渠道，中小型和新创型保险公司都难以入局，因此它们也乐于在细分市场上发力，通过"小市场大开发"的经营模式，和"人无我有"的差异化竞争策略，在某一特定市场取得先发优势、树立品牌效应，满足规模和价值的提升。

从需求端来看，随着客群变迁与分层，传统产品越来越难以满足不同收入层次和生命周期的客户需求，具有"国民"属性的爆款产品再难出现，这就要求保险公司以客户需求为中心，立足于细分的客户群体，理解客户痛点，洞察客户习惯，创造销售场景，响应时代发展变革之下的新呼声、新场景。

细分市场既包含了保障内容的聚焦，也包含了客群边界的拓展，其中带病体保险已经初成体系。

带病体保险有两大类。第一类是为了扩宽传统产品（比如重疾险、百万医疗险）的承保人群范围，通过产品设计的方式机制化地实现一些传统的核保手段，例如加费、除责等。第二类是为了满足某个带病体人群在治疗、用药、慢病管理、远期恶化风险等方面的需求，通过结构化的责任和服务整合而开发的产品。

（一）核保产品化的带病体保险

随着行业进入后流量时代，寻求增量成为保险公司最棘手的问题。其中一个增量来源就是过去因为身体状况不能被重疾险、医疗险等传统健康险承保的客户。在缺乏数据互通、核保空心化的行业现状下，本应该通过精细化核保手段解决的问题，被通过产品设计和定价的方式解决。下文将此类产品细分成"加费"类产品和"除责"类产品，其中"加费"类产品是指通过更高的定价水平来承保次标体人群，"除责"类产品是指通过除外既往症或者相关疾病来承保带病体人群。

"加费"类产品：由于医疗风险比疾病确诊给付的逆选择风险更为可控，慢病人群专属的百万医疗险是体量大、风险偏好较为保守的保险公司的首选，平安 e 生保特定慢病版、太保家安芯等产品在2022年上市。同时，通过借鉴海外市场较为流行的简易核保概念，友邦在2022年推出了仅有三条健康告知的次标体重疾险"如意悠享"，为健告阳性的群体提供了长期重疾风险保障，引发行业追随，同方全球"健易保"、平安"盛世同福"相继上市。"加费"类产品的目标客户群，通常是既往被保险公司拒保的客户，这些客户信息沉淀在保险公司和代理人手中，可以通过此类产品盘活。但需要注意的是，此类产品的销量取决于保险公司的次标体客群积累，阳性告知率和拒保率这两个指标较高的保险公司开发此类产品才有意义，但行业内各公司间这两个指标的差异极大，以阳性告知率为例，有些公司仅有 2%，但是有些公司高达 30%，这跟代理人的素养、保险公司的管

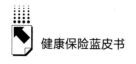

理强度等密切相关。

"除责"类产品：2022年水滴商城上市了两款蓝海系列重疾险，强调没有健康告知，既往症人群可保不可赔，通过理赔端的运营能力把投保端的门槛降到最低。这些产品是将惠民保"可保不可赔"承保模式运用于传统商业健康险的新尝试，但惠民保是基于特殊的业务场景实现的：一是惠民保的普惠定位囊括了大量健康体，可以对冲带病体承保带来的逆选择，而商业健康险不具备这样的参保基数；二是政府为惠民保业务提供了医保数据支持，能够更好地为客户打好健康状况的标签，从而避免烦琐的理赔调查和理赔纠纷。因此，"除责"类产品，其后端的运营效果及经验值得行业关注。泰康在线推出的好效保·全能卫士，在产品设计上通过重疾分组，将与投保人群患病情况相关性较高的重疾组"除外"，虽然也属于"除责"类产品，但其销售方式是面向重疾险或者百万医疗险的理赔客户，保险公司掌握的理赔信息可以转变为这个产品的核保信息，缓解了"除责"类产品的运营难题。

（二）聚合医疗服务和医疗保障的带病体保险

此类产品通常是专病保险，面向某个细分疾病的患者，并非面向广谱的次标体人群。从产品设计上，此类产品往往具备三个要素：一是患者当下需要的药品和治疗保障，二是管理患者健康、阻碍疾病进展的管理类服务，三是进展恶化风险保障。2022年，阳光财险开发了"血糖保·糖尿病医疗险"在蚂蚁保平台销售，该产品既保障了二甲双胍等降糖药品，也提供了血糖仪及血糖监控管理服务，还具有糖尿病并发症医疗保障。2023年，中邮人寿"臻享安心"高血压慢病产品计划上线销售，为广大的高血压人群提供了专业的血压管控服务和降压药品保障，解决了高血压患者及家属在血压控制和监测的痛点。但目前这类产品提供的慢病管理类服务还没有真正融入公立医疗体系，未来需要更加注重此类服务的整合和完善。另外，专病险的人群是聚焦的，如何高效地找到客户和营销客户，可能需要借助非传统的营销渠道。

带病体保险是顺应时代发展规律下的供给侧创新改革，可以满足细分市场人群对获得感、体验感的诉求。值得注意的是，细分市场下的带病体保险仅仅有产品保障设计的创新还不够，还需要突破传统渠道，配以创新渠道的客户触达能力，挖掘销售场景项下的小众客群，在客群选择（人）、保障供给（货）、营销场景（场）这三个维度实现高度匹配，通过个性化、特色化的运营方式撬动细分市场需求。

六　总结

2023年，寿险行业的行动策略在降息环境下比较统一，均是抓住寿险预定利率下调前夕的窗口期，集中销售3.5%预定利率定价的增额终身寿险，因此行业对健康险的关注程度较低，健康保障和服务的定位变为帮助代理人维系客户关系、辅助储蓄类产品销售的工具。但预定利率下调后，储蓄类产品销售难度上升，再加上行业报行合一的推行和开门红的弱化，增额终身寿险一险独大的产品结构将有所改变，寿险公司对于健康险等保障类产品在涵养队伍、贡献价值方面的诉求会回归，预计2024年健康险的受重视程度会上升。

B.3
商业健康保险市场竞争格局分析报告

万广圣　施敏盈　施毓凤　濮桂萍*

摘　要： 利用公开数据分析我国商业健康保险市场基本概况及市场
竞争格局，为业界了解健康险市场格局提供参考。结果显
示，健康险业务规模呈现出明显的集中趋势，具体为三方
面：一是区域集中，业务集中于长三角、珠三角、京津冀
地区；二是市场集中，呈现出寡占型市场格局；三是健康
险业务主要由人身险公司提供，业务规模远超财产险公司。

关键词： 商业健康保险　市场规模　市场竞争格局

现阶段，我国商业健康保险市场发展的基本格局决定了其对医疗
保障体系完善的支撑作用。虽然全国已有百余家各类保险公司开展健
康险业务，但是健康险市场的基本竞争格局情况如何有待深入分析。
鉴于此，本报告旨在利用各保险公司经营业务的公开数据，初步分析
及描绘我国健康保险市场基本概况及竞争格局、市场特点，为业界提
供参考与借鉴。

同时，因数据可获得性及统计口径影响，本报告也存在一定的局

---

* 万广圣，上海健康医学院护理与健康管理学院副教授，研究方向为健康保险与健
康管理；施敏盈，中国人寿保险股份有限公司上海市分公司健康保险事业部原总
经理；施毓凤，上海健康医学院护理与健康管理学院副教授，研究方向为健康保
险；濮桂萍，上海健康医学院护理与健康管理学院讲师，研究方向为健康保险。

限性。例如，报告中分别按照人身险和财产险公司对健康险业务的市场竞争进行分析，但实际经营过程中是在同一个市场开展竞争；部分保险公司经营数据包含经办大病保险等业务且无法精准剔除，一定程度上会影响健康险市场集中度结果，可能存在一定偏差，后续研究中将采用合适方法进行校正。

一 数据与分析方法

（一）资料来源

本报告的研究数据主要来自《中国保险年鉴》公开发布的数据，因数据更新时间限制，截至报告完成之日，可获得的最新年鉴数据为2022年版本，即全国各保险公司2021年度全年的健康保险经营数据。本报告主要使用了人身险公司、财产险公司在全国范围以及各个省、市、市辖区范围内的经营数据。

在统计口径上，对健康保险保费收入的统计数据，财产险公司提供了短期健康险保费收入和保费赔付支出数据；人身险公司提供了个人和团体健康险保费收入数据，但未提供健康险保费支出数据。因此，本报告重点通过健康保险保费收入数据进行市场竞争格局的分析。

（二）数据分析方法

本报告在数据分析的过程中，主要使用了描述统计分析方法，在分析市场竞争格局时使用了绝对集中度指标、赫芬达尔—赫希曼指数计算市场集中度。在使用数据对全国及各地区市场进行描述时，主要计算了市场份额占比、累计百分比、构成比等并进行数据结果呈现。在计算绝对集中度指标时，采用了贝恩（Bain）提出的市场集中度

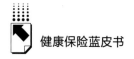

（CR_n）指数，表示在市场中规模处于前 n 位企业的市场份额总和，计算公式为：

$$CR_n = \frac{\sum_{i=1}^{n} x_i}{X}$$

式中，X 是市场总量，本报告中使用了健康保险销售额指标，x_i 为排在第 i 位的企业销售额指标。

赫芬达尔—赫希曼指数（HHI）表示一个行业中各市场竞争主体所占行业总收入百分比的平方和，用来反映市场中厂商市场规模的离散程度。计算公式为：

$$HHI = \sum_{i=1}^{n} (x_i/X)^2$$

式中，字母含义与市场集中度指标一致，指数值在 1/n 和 1 之间变动，指数的数值越大，表明市场规模分布越不均衡，且对大规模的企业市场份额比较敏感。当指数等于 1 时，表明市场由独家企业垄断；当指数等于 1/n 时，表示所有企业的规模相同。

二 中国健康保险市场总体格局概况

（一）健康险业务总体概况

《中国保险年鉴（2022）》保险公司健康险业务数据显示，2021 年度中国健康保险市场保费收入总额约为 8452 亿元；[①] 共计 151 家保险公司经营健康险业务，其中，财产险公司 68 家，人身险公司 83 家。从各个保险公司健康险业务的市场份额看，31 家公司

---

① 此数据为各个保险公司健康险业务保费收入数据加总获得，包括财产险公司经营的短期健康险业务、人身险公司经营的团队和个人健康险业务。

（财产险公司 7 家，人身险公司 24 家）保费收入规模占全国健康险市场规模的近九成，即约 20% 的保险公司占全国约 90% 的市场份额。对各公司健康险保费收入排名，前 16 家公司保费收入均超百亿元，保费收入总额占国内健康险市场总额的 80%。其中，平安人寿和国寿股份两家公司的健康险保费收入超过 1200 亿元，分列国内健康险市场的第一和第二位，各公司的保费收入及份额占比情况如表 1 所示。

表 1 2021 年度中国健康保险市场保费收入规模前列公司

单位：百万元，%

排序	公司名称	公司类型	健康险保费收入	市场份额	累计份额
1	平安人寿	人身险	128484.71	15.20	15.20
2	国寿股份	人身险	120609.00	14.27	29.47
3	人保财险	财产险	68732.81	8.13	37.60
4	太保人寿	人身险	62376.44	7.38	44.98
5	新华人寿	人身险	61307.49	7.25	52.23
6	太平人寿	人身险	43658.49	5.17	57.40
7	泰康人寿	人身险	40461.00	4.79	62.19
8	人保健康	人身险	27196.00	3.22	65.40
9	友邦人寿	人身险	23172.30	2.74	68.14
10	泰康养老	人身险	18114.17	2.14	70.29
11	人保寿险	人身险	17958.61	2.12	72.41
12	平安养老	人身险	15670.17	1.85	74.27
13	富德生命	人身险	15436.64	1.83	76.09
14	太保产险	财产险	12198.12	1.44	77.54
15	平安健康	人身险	10905.62	1.29	78.83
16	阳光人寿	人身险	10151.45	1.20	80.03
17	百年人寿	人身险	8038.05	0.95	80.98
18	中华财险	财产险	8008.62	0.95	81.93
19	众安在线	财产险	7343.78	0.87	82.79
20	中信保诚	人身险	6012.65	0.71	83.51
21	中意人寿	人身险	5533.08	0.65	84.16

排序	公司名称	公司类型	健康险保费收入	市场份额	累计份额
22	太平养老	人身险	5486.91	0.65	84.81
23	平安产险	财产险	5411.59	0.64	85.45
24	中宏人寿	人身险	5130.25	0.61	86.06
25	信泰人寿	人身险	4898.61	0.58	86.64
26	昆仑健康	人身险	4832.65	0.57	87.21
27	和谐健康	人身险	4790.54	0.57	87.77
28	工银安盛	人身险	4633.82	0.55	88.32
29	中英人寿	人身险	4289.75	0.51	88.83
30	泰康在线	财产险	4251.89	0.50	89.33
31	大地保险	财产险	4212.77	0.50	89.83

注：1. 健康险保费收入，对于财产险公司，主要为短期健康险业务的保费收入；对于人身险公司，主要为个人健康险和团队健康险保费收入的合并；

2. 市场份额是指该公司健康险保费收入占全国健康险保费收入的百分比。

资料来源：《中国保险年鉴（2022）》。

（二）人身险公司经营健康险业务概况

2021年度全国有83家人身险公司经营健康险业务（含团队健康险和个人健康险），保费收入总额约为7078亿元，相对于全国健康险保费收入总额8452亿元而言，人身险公司经营健康险业务规模占比83.7%。在人身险公司中，22家公司的健康险保费收入总额约为6402亿元，约占人身险公司经营健康险保费收入总额的90%（见表2）。

在业务规模排名前22的公司中，从健康险业务规模占该公司保费收入总额比重看，昆仑健康、和谐健康、平安健康和泰康养老2021年度保险保费收入中95%以上的是健康险业务；此外，太平养老、人保健康和平安养老的健康险保费收入占公司保费收入的比重为70%～85%。

表2 2021年度全国人身险公司经营健康险业务规模较大公司情况

排序	公司名称	保费收入合计（百万元）	健康险占比(%)	健康险保费收入（百万元）			个人健康险占比(%)	团体健康险占比(%)	健康险市场份额(%)	累计百分比(%)
				合计	个人	团体				
1	平安人寿	457034.86	28.1	128484.71	128484.64	0.07	100.0	0.0	18.2	18.2
2	国寿股份	618327.00	19.5	120609.00	78524.00	42085.00	65.1	34.9	17.0	35.2
3	太保人寿	209609.55	29.8	62376.44	52149.87	10226.57	83.6	16.4	8.8	44.0
4	新华人寿	163470.04	37.5	61307.49	59400.10	1907.39	96.9	3.1	8.7	52.7
5	太平人寿	148694.71	29.4	43658.49	43066.14	592.35	98.6	1.4	6.2	58.8
6	泰康人寿	154428.57	26.2	40461.00	38625.05	1835.95	95.5	4.5	5.7	64.5
7	人保健康	35815.97	75.9	27196.00	15998.79	11197.21	58.8	41.2	3.8	68.4
8	友邦人寿	45329.71	51.1	23172.30	22326.79	845.51	96.4	3.6	3.3	71.7
9	泰康养老	18797.39	96.4	18114.17	10601.97	7512.20	58.5	41.5	2.6	74.2
10	人保寿险	96847.28	18.5	17958.61	14897.30	3061.31	83.0	17.0	2.5	76.8
11	平安养老	22022.09	71.2	15670.17	2442.93	13227.24	15.6	84.4	2.2	79.0
12	富德生命	80750.48	19.1	15436.64	15238.11	198.53	98.7	1.3	2.2	81.2
13	平安健康	11232.58	97.1	10905.62	8789.90	2115.72	80.6	19.4	1.5	82.7
14	阳光人寿	60826.96	16.7	10151.45	8866.42	1285.03	87.3	12.7	1.4	84.1
15	百年人寿	56818.54	14.1	8038.05	7892.54	145.51	98.2	1.8	1.1	85.3

续表

排序	公司名称	保费收入合计（百万元）	健康险占比（%）	健康险保费收入（百万元）					健康险市场份额（%）	累计百分比（%）
				合计	个人	团体	个人健康险占比（%）	团体健康险占比（%）		
16	中信保诚	26827.52	22.4	6012.65	5112.86	899.79	85.0	15.0	0.8	86.1
17	中意人寿	18696.67	29.6	5533.08	2449.35	3083.73	44.3	55.7	0.8	86.9
18	太平养老	6710.91	81.8	5486.91	87.17	5399.74	1.6	98.4	0.8	87.7
19	中宏人寿	13409.67	38.3	5130.25	4852.96	277.29	94.6	5.4	0.7	88.4
20	信泰人寿	48989.51	10.0	4898.61	4897.23	1.38	100.0	0.0	0.7	89.1
21	昆仑健康	4854.56	99.5	4832.65	4763.87	68.78	98.6	1.4	0.7	89.8
22	和谐健康	4891.35	97.9	4790.54	4637.96	152.58	96.8	3.2	0.7	90.4

注：健康险市场份额是指该公司健康险保费收入占所有人身险公司经营健康险保费收入总额（不含财产险公司经营业务收入）。

资料来源：《中国保险年鉴（2022）》。

从保险公司健康险业务结构看，排名前22的保险公司中，主要以个人健康险业务为主。具体来看，除太平养老、平安养老、中意人寿的团体健康险业务比重（分别为98.4%、84.4%和55.7%）较大，其余保险公司的个人健康险业务均远超团体健康险业务规模。

（三）财产险公司经营健康险业务概况

数据显示，2021年全国有68家财产险公司经营短期健康险业务，保费总收入约为1374亿元。其中，业务规模排名前12的公司短期健康险保费收入占68家财产险公司健康险总收入的90%（见表3）。从表3中数据可见，财产险公司经营健康险业务呈现出一家独大的局面，即人保财险经营健康险业务规模最大，占整个财产险公司经营健康险业务规模的一半。

表3　2021年度全国财产险公司经营健康险业务规模较大公司情况

单位：百万元，%

排序	公司名称	保费收入	健康险占比	短期健康险保费收入	短期健康险市场份额	累计占比
1	人保财险	448384.00	15.3	68732.81	50.0	50.0
2	太保产险	151470.48	8.1	12198.12	8.9	58.9
3	中华财险	55654.92	14.4	8008.62	5.8	64.7
4	众安在线	20372.14	36.0	7343.78	5.3	70.1
5	平安产险	270043.11	2.0	5411.59	3.9	74.0
6	泰康在线	7141.02	59.5	4251.89	3.1	77.1
7	大地保险	43150.34	9.8	4212.77	3.1	80.2
8	国任财险	10382.85	37.7	3918.59	2.9	83.0
9	阳光财险	40531.07	7.4	3005.09	2.2	85.2
10	国元农险	8568.36	34.9	2991.06	2.2	87.4
11	太平财险	27520.72	10.4	2873.64	2.1	89.5
12	国寿财险	91493.84	1.9	1779.94	1.3	90.8

注：市场份额是指该公司短期健康险保费收入占所有财产险公司短期健康险收入总额的百分比。

资料来源：《中国保险年鉴（2022）》。

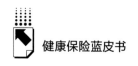

从短期健康险保费收入占公司保费总收入比重看，在排名前 12 的公司中，泰康在线 59.5% 的保费收入来源于短期健康险业务。此外，众安在线、国任财险、国元农险的保费收入中，超过 1/3 的收入来源于短期健康险业务。

三　主要区域的健康险竞争格局

长三角、珠三角、京津冀、长江中游和成渝地区是我国经济最为活跃的地区，健康险发展也相对较好。从上述各地区内人身险公司经营健康险业务的规模看，在 2021 年度，长三角、珠三角、京津冀、长江中游和成渝地区的健康险保费规模达到全国人身险公司健康险业务总规模的近 60%，其中，长三角地区总体规模最大，占比 18.5%（见表 4）。国寿、平安、太平、太保、泰康、人保健康、平安健康等公司在上述各地区中的市场规模均较大。

表 4　2021 年度全国及主要经济地区人身险公司经营健康险业务规模统计

排序	地区	人口规模（万人）	健康险保费收入规模（百万元）	占全国规模比重（%）	经营健康险公司数（家）	市场规模占比 80% 的公司数（家）	覆盖省份
1	长三角地区	23647	130897.30	18.5	72	15	江苏、浙江（含宁波）、上海、安徽
2	珠三角地区	12684	94251.07	13.3	59	11	广东（含深圳）
3	京津冀地区	11010	82390.58	11.6	68	17	北京、天津、河北
4	长江中游地区	16969	66833.17	9.4	48	8	湖北、湖南、江西
5	成渝地区	11584	50562.74	7.1	57	12	四川、重庆

排序	地区	人口规模（万人）	健康险保费收入规模（百万元）	占全国规模比重（%）	经营健康险公司数（家）	市场规模占比80%的公司数（家）	覆盖省份
	全国	141260	707858.28	100.0	83	12	除港、澳、台地区外的各省（区、市）

注：因港、澳、台地区健康险数据无法获取，故全国数据中不含这三个地区。

从上述五个地区内财产险公司经营短期健康险业务规模看，在2021年度，长三角、珠三角、京津冀、长江中游和成渝地区的短期健康险保费规模达到全国财产险公司短期健康险业务总规模的63%，其中，长三角地区的总规模最大，占比22.1%（见表5）。人保、太保、众安和中华等公司是各地区中市场规模相对较大的公司。可见，长三角地区是我国健康险最为活跃的区域市场。

表5 2021年度全国及主要经济地区财产险公司经营短期健康险业务规模统计

排序	地区	健康险保费收入规模（百万元）	占全国规模百分比（%）	经营健康险公司数（家）	市场规模占比80%的公司数（家）	覆盖省份
1	长三角地区	30309.63	22.1	50	7	江苏、浙江（含宁波）、上海、安徽
2	长江中游地区	21304.82	15.5	38	4	湖北、湖南、江西
3	京津冀地区	13937.91	10.1	52	8	北京、天津、河北

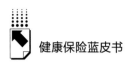
续表

排序	地区	健康险保费收入规模（百万元）	占全国规模百分比（%）	经营健康险公司数（家）	市场规模占比80%的公司数（家）	覆盖省份
4	珠三角地区	10520.99	7.7	45	8	广东（含深圳）
5	成渝地区	10183.52	7.4	40	6	四川、重庆
	全国	137401.58	100.0	69	7	除港、澳、台地区外的各省（区、市）

注：因港、澳、台地区健康险数据无法获取，故全国数据中不含这三个地区。

（一）长三角地区健康险业务的市场竞争格局

1. 长三角地区人身险公司经营健康险业务格局

数据显示，2021年度长三角地区人身险公司经营健康险业务规模达到1309亿元，其中，从各省级市场规模占比看，江苏占比40.8%，浙江占比26.6%，上海占比20.4%，安徽占比12.2%，共计72家保险公司开展健康险业务。从业务规模看，15家公司（数量占比约21%）的健康险保费收入总额约占72家公司业务规模的80%，其中，国寿的市场份额占比最大，达到19%（见表6）。

从各个公司健康险业务在地区市场分布情况看，在排名前15的公司中，江苏是国寿、平安、太保、友邦、太平和人保寿险的发展重点市场，浙江是新华的重点发展市场，上海是平安养老、平安健康、昆仑和太平养老的重点发展市场，安徽是人保健康的重点发展市场。

2. 长三角地区财产险公司经营短期健康险业务格局

2021年度长三角地区财产险公司短期健康险业务的总市场规模达到303亿元，其中，各省级市场规模相对均衡，江苏占比24.7%，浙江占比27.4%，上海占比18.5%，安徽占比29.4%，共计50家保险公司在长三角地区开展短期健康险业务。从各保险公司经营业务规模看，排名前 7 的公司保费收入达到该地区财产险公司健康险业务总额的 80.8%，其中，人保的市场份额最大，占比达到 47.5%（见表 7）。

从各个公司的业务市场分布看，人保在江苏、浙江和安徽的业务规模相当，国元的短期健康险业务主要集中在安徽，太保、平安在江苏、浙江和上海的业务规模相当，大地的业务主要集中在上海，众安的业务主要集中在江苏，阳光财险的业务主要集中在浙江。

（二）京津冀地区健康险业务的市场竞争格局

1. 京津冀地区人身险公司经营健康险业务

数据显示，2021 年度京津冀地区人身险公司健康险业务的保费收入总额达到 823.9 亿元，其中，北京占比 55.8%，天津占比 12.2%，河北占比 32.0%，共计 68 家人身险公司经营健康险业务。按照各个公司在京津冀地区健康险保费收入合计排名看，排名前 17 的公司的健康险保费收入总额约占该地区收入总额的 80.7%。从京津冀地区人身险公司经营健康险业务的市场规模看，25% 的公司占据了约 80% 的健康险业务市场，其中，平安的市场份额占比最大，约为 17.2%（见表 8）。

2. 京津冀地区财产险公司经营短期健康险业务

数据显示，2021 年度京津冀地区财产险公司经营短期健康险保费收入总额约为 139.4 亿元，其中，北京占比 43.3%，河北占比 46.1%，天津占比 10.7%，共计 52 家财产险公司经营短期健康险业务。按照保费收入地区总额排序后，前 8 家公司保费收入占地区总额的 80% 左右，各个公司情况如表 9 所示。从京津冀地区财产险公司健康险业务总体规模看，约 15% 的公司占据了约 80% 的市场，其中，人保的短期健康险业务收入市场占比达到 39.4%，是京津冀地区财产险公司经营短期健康险的领导者。

表6 长三角地区人身险公司健康险业务规模情况

单位：百万元，%

排序	保险机构	江苏		浙江		上海		安徽		合计	市场份额	累计份额
		保费收入	占比	保费收入	占比	保费收入	占比	保费收入	占比			
1	国寿	12011.31	48.2	7375.73	29.6	1912.01	7.7	3614.29	14.5	24913.34	19.0	19.0
2	平安	7481.43	37.4	5686.18	28.4	3726.13	18.6	3117.09	15.6	20010.83	15.3	34.3
3	太保	5892.21	44.7	4580.63	34.7	1194.40	9.1	1514.51	11.5	13181.75	10.1	44.4
4	友邦	5056.13	60.5	0.00	0.0	3297.71	39.5	0.00	0.0	8353.84	6.4	50.8
5	新华	2887.07	35.5	3735.46	45.9	604.49	7.4	913.89	11.2	8140.91	6.2	57.0
6	太平	2943.03	50.1	1419.25	24.1	509.05	8.7	1006.12	17.1	5877.45	4.5	61.5
7	泰康	1536.94	30.2	1722.63	33.9	301.52	5.9	1525.65	30.0	5086.74	3.9	65.4
8	平安养老	820.22	21.8	718.28	19.1	1927.32	51.2	298.67	7.9	3764.49	2.9	68.2
9	平安健康	832.26	30.4	560.15	20.4	1346.96	49.2	0.00	0.0	2739.37	2.1	70.3
10	昆仑	0.00	0.0	1122.43	41.2	1601.38	58.8	0.00	0.0	2723.81	2.1	72.4
11	人保寿险	1068.01	42.2	936.07	37.0	63.32	2.5	465.21	18.4	2532.61	1.9	74.4
12	中宏	11.68	0.5	521.69	21.5	1887.52	78.0	0.00	0.0	2420.89	1.8	76.2
13	太平养老	743.88	38.1	219.90	11.3	906.99	46.4	82.13	4.2	1952.90	1.5	77.7
14	泰康养老	613.41	33.1	495.21	26.7	363.84	19.6	379.24	20.5	1851.70	1.4	79.1
15	人保健康	611.56	35.5	144.83	8.4	170.82	9.9	793.72	46.1	1720.93	1.3	80.4

注：浙江省数据包含了宁波市数据。

资料来源：《中国保险年鉴（2022）》。

表7 长三角地区财产险公司短期健康险业务规模情况

单位：百万元，%

排序	保险机构	江苏		浙江		上海		安徽		合计	市场份额	累计份额
		保费收入	占比	保费收入	占比	保费收入	占比	保费收入	占比			
1	人保	4143.17	28.8	4555.94	31.7	1127.3	7.8	4559.74	31.7	14386.15	47.5	47.5
2	国元	0.00	0.0	0.00	0.0	0.00	0.0	2999.12	100.0	2999.12	9.9	57.4
3	大保	763.49	30.6	686.32	27.5	730.78	29.3	313.59	12.6	2494.18	8.2	65.6
4	平安	392.93	25.1	465.48	29.7	486.92	31.1	219.56	14.0	1564.89	5.2	70.8
5	大地	76.48	6.8	272.07	24.1	734.95	65.1	44.97	4.0	1128.47	3.7	74.5
6	众安	565.78	55.1	4.49	0.4	137.28	13.4	318.55	31.0	1026.10	3.4	77.9
7	阳光财险	66.31	7.4	748.31	83.0	37.89	4.2	49.46	5.5	901.97	3.0	80.8

注：浙江省数据包含了宁波市数据。

资料来源：《中国保险年鉴（2022）》。

表 8 京津冀地区人身险公司健康险业务规模情况

单位：百万元，%

排序	保险机构	北京		天津		河北		合计	市场份额	累计份额
		保费收入	占比	保费收入	占比	保费收入	占比			
1	平安	6099.79	43.0	2854.96	20.1	5242.40	36.9	14197.15	17.2	17.2
2	新华	4466.05	54.2	942.78	11.4	2837.10	34.4	8245.93	10.0	27.2
3	国寿	1803.62	22.2	889.75	10.9	5444.95	66.9	8138.32	9.9	37.1
4	友邦	5959.70	98.1	83.78	1.4	28.59	0.5	6072.07	7.4	44.5
5	泰康	2731.03	52.6	732.36	14.1	1733.41	33.4	5196.80	6.3	50.8
6	太保	1656.14	46.2	538.00	15.0	1391.43	38.8	3585.57	4.4	55.1
7	太平	1281.83	38.2	466.06	13.9	1603.57	47.8	3351.46	4.1	59.2
8	平安健康	1387.84	56.3	495.66	20.1	580.16	23.5	2463.66	3.0	62.2
9	人保寿险	1485.34	61.0	108.71	4.5	841.35	34.5	2435.40	3.0	65.2
10	泰康养老	1677.02	82.5	167.91	8.3	188.46	9.3	2033.39	2.5	67.6
11	平安养老	1646.62	82.2	151.44	7.6	204.47	10.2	2002.53	2.4	70.1
12	中信保诚	1426.99	79.0	28.25	1.6	352.00	19.5	1807.24	2.2	72.3
13	中意	1688.19	100.0	0.00	0.0	0.11	0.0	1688.30	2.0	74.3
14	昆仑	1422.99	100.0	0.00	0.0	0.00	0.0	1422.99	1.7	76.0
15	阳光	300.43	22.0	329.19	24.1	735.67	53.9	1365.29	1.7	77.7
16	富德生命	261.59	20.1	175.07	13.4	867.39	66.5	1304.05	1.6	79.3
17	人保健康	288.17	24.4	472.68	40.1	418.64	35.5	1179.49	1.4	80.7

资料来源：《中国保险年鉴（2022）》。

表9　京津冀地区财产险公司短期健康险业务规模情况

单位：百万元，%

排名	保险机构	北京		天津		河北		合计	市场份额	累计份额
		保费收入	占比	保费收入	占比	保费收入	占比			
1	人保	806.88	14.7	697.27	12.7	3989.37	72.6	5493.52	39.4	39.4
2	国任	1231.47	84.5	0.00	0.0	225.08	15.5	1456.55	10.5	49.9
3	太保	288.39	26.7	238.27	22.0	554.02	51.3	1080.68	7.8	57.6
4	太平	896.20	96.0	-4.61	-0.5	41.78	4.5	933.37	6.7	64.3
5	阳光财险	277.76	44.1	252.08	40.0	99.80	15.9	629.64	4.5	68.8
6	中华	481.36	78.4	33.69	5.5	98.55	16.1	613.60	4.4	73.2
7	众安	188.65	32.8	60.19	10.5	327.08	56.8	575.92	4.1	77.4
8	平安	144.69	35.3	51.18	12.5	213.50	52.2	409.37	2.9	80.3

资料来源：《中国保险年鉴（2022）》。

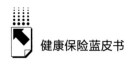

（三）珠三角地区健康险业务的市场竞争格局

1. 珠三角地区人身险公司经营健康险业务

数据显示，2021年珠三角地区（此处包含广东全省）人身险公司经营健康险业务总规模达到942.5亿元，其中，深圳约占35.4%，共计59家人身险保险公司开展健康险业务。从健康险保费收入排名看，前11位公司的健康险保费收入总额约占地区规模的81.1%（见表10）。平安是该地区市场规模最大的保险公司，保费收入占地区人身险公司健康险市场总规模的21.7%，平安、人保健康和国寿三家公司的总规模达到51.5%。

表10　2021年珠三角地区人身险公司健康险业务规模情况

单位：百万元，%

排序	保险机构	广东(不含深圳)		深圳		合计	市场份额	累计份额
		保费收入	占比	保费收入	占比			
1	平安	14119.14	69.0	6336.69	31.0	20455.83	21.7	21.7
2	人保健康	454.98	3.0	14773.02	97.0	15228.00	16.2	37.9
3	国寿	11239.01	87.4	1615.62	12.6	12854.63	13.6	51.5
4	友邦	7294.42	83.6	1433.87	16.4	8728.29	9.3	60.8
5	平安健康	2062.69	67.8	980.72	32.2	3043.41	3.2	64.0
6	太平	2316.37	78.4	637.15	21.6	2953.52	3.1	67.1
7	太保	2132.36	73.4	773.68	26.6	2906.04	3.1	70.2
8	泰康养老	1473.81	54.5	1231.35	45.5	2705.16	2.9	73.1
9	新华	2502.58	93.0	188.86	7.0	2691.44	2.9	75.9
10	平安养老	1556.29	60.3	1023.84	39.7	2580.13	2.7	78.7
11	泰康	1874.04	80.4	455.48	19.6	2329.52	2.5	81.1

资料来源：《中国保险年鉴（2022）》。

2. 珠三角地区财产险公司经营短期健康险业务

2021年度珠三角地区财产险公司经营短期健康险业务规模达到105.2亿元，其中，深圳占比约31.6%，共计45家财产险公司经营短期健康险业务。按照保费收入排名后，前8家公司保费收入总额超过该地区总额的80%，各公司情况如表11所示。从市场份额较大的公司市场分布看，除国任公司的经营市场集中在深圳外，其余各公司市场分布在除深圳外的珠三角各地。

表11 2021年珠三角地区财产险公司短期健康险业务规模情况

单位：百万元，%

排序	保险机构	广东(不含深圳)		深圳		合计	市场份额	累计份额
		保费收入	占比	保费收入	占比			
1	人保	2389.12	77.2	706.15	22.8	3095.27	29.4	29.4
2	国任	39.53	2.3	1645.00	97.7	1684.53	16.0	45.4
3	太保	888.51	84.5	163.51	15.5	1052.02	10.0	55.4
4	平安	532.35	69.0	239.04	31.0	771.39	7.3	62.8
5	太平	674.20	89.8	76.33	10.2	750.53	7.1	69.9
6	中华	463.91	99.1	3.77	0.8	467.68	4.4	74.3
7	众安	402.05	91.1	39.49	8.9	441.54	4.2	78.5
8	泰康在线	352.83	92.8	27.27	7.2	380.10	3.6	82.2

资料来源：《中国保险年鉴（2022）》。

（四）长江中游地区健康险业务的市场竞争格局

1. 长江中游地区人身险公司经营健康险业务

2021年度长江中游地区（包括湖北、湖南、江西三省）人身险公司健康险业务的总市场规模达到668.3亿元，其中，湖北省占比47.4%，湖南省占比33.5%，江西省占比19.1%，共计48家保险公司在长江中游地区开展短期健康险业务。从各保险公司经营业务规模看，排名前8的公司累计健康险保费收入达到长江中游地区总额的80.6%，其中，国寿的市场份额最大，占比达到20.6%（见表12）。从各个公司的业务市场分布看，国寿的市场主要在湖南，平安、太保、太平、泰康等公司的市场主要在湖北，人保健康的主要市场在江西和湖北。

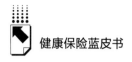

2. 长江中游地区财产险公司经营短期健康险业务

2021 年度长江中游地区财产险公司经营短期健康险业务规模达到 213 亿元，其中，湖南省市场规模最大，占比约 49.1%，湖北省和江西省市场分别占比 28.6% 和 22.3%，共计 38 家保险公司经营短期健康险业务。从各保险公司经营短期健康险业务规模看，排名前 4 的公司累计保费收入达到该地区短期健康险业务保费总收入的 83.7%，其中，人保的市场份额最大，占比达到 56.2%（见表 13）。从表中各公司的市场分布看，湖南省是财产险公司在长江中游地区短期健康险业务的重点区域市场。

（五）成渝地区健康险业务的市场竞争格局

1. 成渝地区人身险公司经营健康险业务

2021 年度成渝地区（包含四川、重庆）人身险公司健康险业务规模达到 505.6 亿元，其中，四川省占比 69.0%，重庆市占比 31.0%，共计 57 家保险公司在该地区经营健康险业务。从各公司健康险业务保费收入额看，排名前 12 的公司保费收入累计占比达到 80.7%，各公司健康险保费收入数据如表 14 所示。从成渝地区人身险公司地区经营数据占比看，大多数公司的市场重点在四川省，除阳光和平安健康两家公司重庆市市场规模大于四川省市场规模外，排名前 12 的其他公司的发展重点均在四川省。

2. 成渝地区财产险公司经营健康险业务

2021 年度成渝地区财产险公司经营短期健康险业务规模达到 101.8 亿元，其中，四川省占比 60.5%，重庆市占比 39.5%，共计 40 家财产险公司在该地区经营短期健康险业务。从各公司短期健康险业务保费收入规模看，排名前 6 的公司保费收入累计占比达到 85%；其中，人保的市场份额最大，接近 40%（见表 15）。在这 6 家公司中，人保、中华和众安的市场主要在四川省，太保、大地和安诚的市场主要在重庆市。

表 12　2021 年长江中游地区人身险公司健康险业务规模情况

单位：百万元，%

排序	保险机构	湖北		湖南		江西		合计	市场份额	累计份额
		保费收入	占比	保费收入	占比	保费收入	占比			
1	国寿	4209.28	30.5	6908.41	50.1	2679.80	19.4	13797.49	20.6	20.6
2	平安	6424.59	53.4	4485.42	37.3	1110.04	9.2	12020.05	18.0	38.6
3	新华	2816.62	43.0	2376.45	36.3	1351.41	20.6	6544.48	9.8	48.4
4	太保	3081.39	50.2	1694.14	27.6	1359.34	22.2	6134.87	9.2	57.6
5	太平	3355.11	58.6	907.93	15.9	1460.79	25.5	5723.83	8.6	66.2
6	泰康	2801.9	60.8	1189.85	25.8	617.43	13.4	4609.18	6.9	73.1
7	人保健康	1101.33	43.1	63.27	2.5	1392.83	54.5	2557.43	3.8	76.9
8	富德生命	1141.78	45.9	636.26	25.6	708.60	28.5	2486.64	3.7	80.6

资料来源：《中国保险年鉴（2022）》。

表 13　2021 年长江中游地区财产险公司短期健康险业务规模情况

单位：百万元，%

排序	保险机构	湖北		湖南		江西		合计	市场份额	累计份额
		保费收入	占比	保费收入	占比	保费收入	占比			
1	人保	3740.34	31.2	5723.07	47.8	2507.31	20.9	11970.72	56.2	56.2
2	大保	1137.09	39.2	1235.44	42.6	529.25	18.2	2901.78	13.6	69.8
3	中华	65.68	3.4	1703.65	88.2	163.30	8.4	1932.63	9.1	78.9
4	众安	338.37	32.8	502.32	48.7	191.39	18.5	1032.08	4.8	83.7

资料来源：《中国保险年鉴（2022）》。

表14 2021年成渝地区人身险公司健康险业务规模情况

单位：百万元，%

排序	保险机构	四川		重庆		合计	市场份额	累计占比
		保费收入	占比	保费收入	占比			
1	国寿	7572.65	75.0	2518.76	25.0	10091.41	20.0	20.0
2	平安	4244.93	52.2	3881.65	47.8	8126.58	16.1	36.0
3	太平	4174.04	81.3	962.69	18.7	5136.73	10.2	46.2
4	泰康	2778.07	66.5	1399.64	33.5	4177.71	8.3	54.5
5	新华	2009.82	73.8	713.69	26.2	2723.51	5.4	59.8
6	太保	1938.66	92.3	162.4	7.7	2101.06	4.2	64.0
7	人保寿险	1540.26	77.8	438.75	22.2	1979.01	3.9	67.9
8	平安养老	1163.92	67.2	568.31	32.8	1732.23	3.4	71.3
9	阳光	339.79	23.2	1126.65	76.8	1466.44	2.9	74.2
10	平安健康	627.24	47.9	681.94	52.1	1309.18	2.6	76.8
11	恒大	530.08	53.5	459.86	46.5	989.94	2.0	78.8
12	富德生命	587.72	60.3	387.64	39.7	975.36	1.9	80.7

资料来源：《中国保险年鉴（2022）》。

表15 2021年成渝地区财产险公司短期健康险业务规模情况

单位：百万元，%

排序	保险机构	四川		重庆		合计	市场份额	累计份额
		保费收入	占比	保费收入	占比			
1	人保	3057.04	75.2	1009.66	24.8	4066.70	39.9	39.9
2	中华	624.19	57.7	457.34	42.3	1081.53	10.6	50.6
3	太保	272.35	26.0	776.93	74.0	1049.28	10.3	60.9
4	大地	317.87	33.4	634.26	66.6	952.13	9.3	70.2
5	安诚	0.04	0.0	775.58	100.0	775.62	7.6	77.8
6	众安	653.05	89.9	73.62	10.1	726.67	7.1	85.0

资料来源：《中国保险年鉴（2022）》。

四 健康险业务市场格局的基本特征

（一）健康险业务呈现出明显的区域集中性特点

从全国范围看，健康险业务呈现出明显的区域集中特点，即长三角、珠三角、京津冀、长江中游及成渝地区市场规模达到全国总规模的60%，其中，长三角地区是全国健康险业务规模最大的区域市场。江苏、广东、北京、湖北、四川分别是上述各个地区中健康险业务规模较大的省份。

从经营健康险业务的保险公司类型看，人身险公司是经营健康险业务的主力军，全国业务规模是财产险公司的5倍多（见表16）。其中，珠三角地区人身险公司经营健康险业务规模与财产险公司经营健康险业务规模比值最大，达到8.96，说明珠三角地区的健康险主要由人身险公司经营。

表16 全国主要经济地区人身险公司与财产险公司经营健康险业务规模

单位：百万元

序号	地区	健康险保费收入		(1)÷(2)
		(1)人身险公司	(2)财产险公司	
1	长三角地区	130897.30	30309.63	4.32
2	珠三角地区	94251.07	10520.99	8.96
3	京津冀地区	82390.58	13937.91	5.91
4	长江中游地区	66833.17	21304.82	3.14
5	成渝地区	50562.74	10183.52	4.97
6	全国	707858.28	137401.58	5.15

资料来源：笔者根据《中国保险年鉴（2022）》数据整理所得。

（二）健康险业务市场呈现出高度的市场集中趋势

利用贝恩（Bain）提出的测度市场集中度指标 CR_4 分别对人身险公司、财产险公司在全国及主要经济区域经营健康险业务情况进行分析，结果如表 17 所示。无论是全国市场还是各主要经济区域市场，健康险行业呈现出高度的集中趋势，即健康险行业无论是在全国市场还是在各主要经济地区市场，均呈现出寡占型市场特点。按照 $CR_4 > 75\%$ 的标准，在长江中游地区，无论是在人身险公司经营健康险业务市场，还是财产险公司经营短期健康险业务市场，均呈现出极高的寡占型市场格局。

表 17　全国各地区健康险业务市场集中度分析（按不同类别公司计算）

序号	地区	人身险公司			财产险公司		
		CR_4（%）	CR_8（%）	HHI	CR_4（%）	CR_8（%）	HHI
1	长三角地区	50.8	68.2	0.086	70.8	83.5	0.251
2	珠三角地区	60.8	73.1	0.108	62.8	82.2	0.141
3	京津冀地区	44.5	62.2	0.069	64.3	80.3	0.186
4	长江中游地区	75.6	80.6	0.111	83.7	93.3	0.348
5	成渝地区	54.5	71.3	0.094	70.2	92.5	0.205
6	全国	52.7	71.7	0.091	70.1	83.0	0.271

注释：根据上文数据计算获得。

由赫芬达尔—赫希曼指数（HHI）可见，健康险业务的市场集中程度在财产险公司范围内更为集中，HHI 明显大于人身险公司数据。除珠三角地区，无论是全国还是其他主要经济地区的 HHI 数据都显示，财产险公司市场的 HHI 指数是人身险公司数据的 2~3 倍，说明财产险公司经营短期健康险的市场具有更高的集中性。在长三角地区，财产险公司经营短期健康险业务数据表明，排名第一的公司业务规模占据财产险公司总规模的 47.5%；在长江中游地区，排名第一的公司业务规模占财产险公司总规模的 56.2%。由此可见，健康险业务市场普遍呈现出高度的市场集中趋势，少数规模较大的企业占据绝大多数市场份额，而且财产险公司经营健康险业务市场表现更为明显。

五 结语

本报告通过对 2021 年度全国范围内各类保险公司经营健康险业务数据进行分析，包括总量分析、重点经济区域市场分析以及不同类型公司分析，旨在描绘我国健康险市场的基本竞争格局。

第一，健康保险业务无论是在全国市场还是在主要经济区域市场，都呈现出高度的市场集中态势，市场垄断性较强，竞争不充分。数据结果表明，无论是人身险公司还是财产险公司，在健康险业务市场上都呈现出寡占型市场格局，即极少数的公司占据了市场较大的份额，财产险公司表现更为突出。对人身险公司分析显示，五个重点经济区域数据表明，区域市场内约 20% 的公司占据了 80% 的健康险市场；对财产险公司分析显示，区域市场内 11%～18% 的公司占据了80% 的健康险市场。

第二，健康保险业务在我国呈现出较高的区域集中性特点，重点经济区域业务规模在全国业务规模中占比大。从全国范围数据可见，长三角、珠三角、京津冀、长江中游和成渝地区的健康险业务总量占全国总量的 60% 左右；而且，按照人身险公司、财产险公司区分后也呈现出相似的规律。长三角地区是全国健康险业务规模最大的区域市场。此外，在每个重点地区范围内，江苏、广东、北京、湖北、四川等地是各自区域内健康险业务规模较大的省份。

第三，人身险公司是我国健康保险市场的主力军，业务规模是财产险公司的 5 倍左右。全国范围内，人身险公司对健康险业务规模的

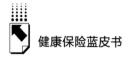

贡献达到了 83.7%；对五个重点经济区域的分析显示，各地区的人身险公司健康险业务规模是财产险公司的 3~9 倍。此外，个人健康险业务占比较大，约占人身险公司经营健康险业务规模的 83.6%，说明长期健康险业务是健康险市场的重点。

B.4
职业人群健康保险需求调研报告

万广圣　胡盛峰　冯华　濮桂萍*

摘　要： 本报告对长三角与京津冀地区的职业人群健康保险需求进行了调查，分析影响需求的基本因素。调查初步发现，职业人群对健康保险的需求并没有得到有效挖掘，表现为顾客对重疾险和医疗险的需求较高而未得到满足；顾客对健康保险的认识不够是影响购买选择的重要原因，说明保险公司在产品宣传与推广上亟须改进；健康管理服务是职业人群较为关注的服务，保险公司应予以重视。

关键词： 健康保险　职业人群　保险公司

商业健康保险是我国多层次医疗保障体系的重要组成部分，也是满足多样化健康保障需求的重要途径。当前，健康保险产品销售遇到的瓶颈问题，并不是因为市场需求缺乏，而是有效需求并没有被充分挖掘①，一定程度上是市场有效供给不足制约了商业健康保险

---

* 万广圣，上海健康医学院护理与健康管理学院副教授，研究方向为健康管理与健康保险；胡盛峰，瑞众人寿保险股份有限公司上海分公司副总经理；冯华，瑞华健康保险股份有限公司副总裁；濮桂萍，上海健康医学院护理与健康管理学院讲师，研究方向为健康保险。

① 许闲、林陈威、尹轶帆：《中国商业健康保险发展：演进与创新——基于2009~2022年中国医疗保险条款数据的分析》，《复旦学报》（社会科学版）2023年第5期。

市场的发展①。这种供给不足表现为保险公司并没有为顾客提供符合其有效需求的健康保险产品。国务院办公厅发布的《"十四五"国民健康规划》明确要求增加商业健康保险供给，通过创新产品，提供差异化、定制化的健康管理服务包等，将商业健康保险作为促进国民健康的有力促进者。对于保险公司而言，了解顾客需求并提供有效的保险产品成为关键。在商业健康保险市场中，职业人群是商业健康保险的主要购买者。鉴于此，本报告重点调查了职业人群对健康保险产品的需求情况，为行业提供参考。

一 调查目的

本调查旨在了解职业人群对商业健康保险需求的基本情况，探究影响保险选购决策的影响因素，为保险公司了解市场需求提供参考。在《中国健康保险发展报告（2022）》中，报告 B.4《参保人健康管理服务需求调查报告》曾对参保人的健康管理服务需求进行了调查，本调查报告重点聚焦职业人群，覆盖面更广。可在两个报告对比的基础上，为保险公司了解职业人群的健康保险需求及其选购影响因素提供有价值的信息。同时，鉴于调研难度及样本可获得性，本调研也具有一定的局限性。在未来的研究中，保险公司可根据市场发展需要，重点聚焦某一区域市场，或某一特定职业群体开展需求调查，获得更加精准的需求信息，辅助企业产品开发。

---

① 王琬：《中国商业健康保险：需求满足、市场法则与高质量发展》，《学术研究》2023 年第 10 期。

二 调研对象与样本描述

（一）调研对象

本调查的对象为长三角地区和京津冀地区的职业人群，即从事各种岗位工作的人员，不含退休。调查时间为 2023 年 9 月至 10 月。采用问卷调查方式开展，主要通过委托社会调查公司在指定区域范围内，对职业人群开展随机问卷推送，完成数据的采集工作。其中，长三角地区主要指定了江苏、上海和浙江三个省市，京津冀地区主要指定了北京、河北和天津三个省市，有效样本地区来源分布如表 1 所示。

表 1　有效样本地区来源分布状况

单位：个，%

地区	省份	频数	百分比	百分比合计
长三角地区	江苏	170	19.77	58.73
	上海	173	20.12	
	浙江	162	18.84	
京津冀地区	北京	171	19.88	41.27
	天津	34	3.95	
	河北	150	17.44	
合计		860	100	100

（二）样本描述

对获得的样本数据进行整理与审核，最终获得有效样本 860 个，用于本报告的数据分析。对有效样本进行统计，结果显示，从性别构成看，男性占比 44.8%，女性占比 55.2%。从年龄构成看，25 岁及

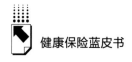

以下占比9.1%，26~30岁占比29.9%，31~35岁占比28.4%，36~40岁占比14.8%，41~45岁占比9.3%，46~50岁占比4.6%，51~60岁占比3.5%，60岁以上占比0.4%。从教育程度构成看，高中/中专及以下占比4.6%，大专或本科占比85.0%，研究生占比10.4%。从婚姻状态看，单身未婚占比27.1%，已婚占比71.7%，离异及其他占比1.2%。

本调查的对象为职场工作人员，统计结果显示，其中，政府机关或事业单位样本占比8.5%，国有企业或集体所有制企业样本占比20.6%，外资企业样本占比6.7%，私营企业样本占比57.0%，中外合资企业样本占比3.6%，新就业形态样本占比3.6%。从被调查对象个人月收入看，5000元及以下占比11.7%，5001~8000元占比29.4%，8001~11000元占比26.0%，11001~14000元占比15.6%，14001~17000元占比7.4%，17000元以上占比9.9%。从家庭年收入看，在10万元及以下的被调查者占比11.3%，11万~20万元的占比37.5%，21万~30万元的占比29.6%，31万~40万元的占比10.4%，40万元以上的占比11.2%。从被调查者持有基本医疗保险类型看，87.2%的被调查者持有城镇职工基本医疗保险，10.8%的被调查者持有城乡居民基本医疗保险，2.0%的被调查者持有公费医疗。

三 调查结果

（一）健康与医疗支付状况

对有效样本的统计结果显示，69.1%的被调查者不患有调查问卷中列出来的常见慢性病，其余样本均患有不同类型的慢性病。从患有慢性病的种类看，血脂异常、高血压是被调查职业人群最主要的慢性病类型（见图1）。患有1种慢性病的样本占比为23.3%，患有2种及以上慢性病的样本占比为 7.6%，即在职业人群中也存在一定比例的慢性病共病患者。从被调查人员健康状态自评看，67.0%的样本认为自己"非常健康"或"比较健康"，26.5%的样本认为自己的健康状态"一般"，6.5%的样本认为自己"不健康"或"非常不健康"。

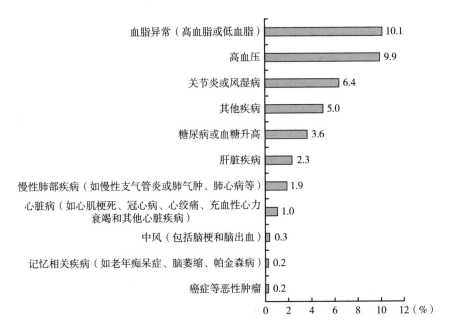

图 1　被调查职业人群慢性病患病情况

从被调查职业人群的年度医疗费用支出情况看，在上一年度内自付医疗费用（除去基本医疗保险报销外的费用，且不含商业健康保险报销的费用）在 3000 元及以下者占比 70.6%，3001~6000 元的占比 18.0%，6001~9000 元的占比 6.9%，9000 元以上的占比 4.5%。

（二）商业健康保险需求概况

从最感兴趣的商业健康保险类型看，重疾险和医疗险是被调查人群关注最多的两种商业健康保险（见图 2）。此外，从实际持有的商业健康保险类型看，也有近1/3的样本表示持有重疾险或医疗险产品。在持有重疾险或医疗险的样本中，从职业类型看，来自私营企业的个体占比分别为57.0%（重疾险）和48.3%（医疗险），来自政府机关或事业单位的个体占比分别为7.5%（重疾险）和6.7%（医疗险）。

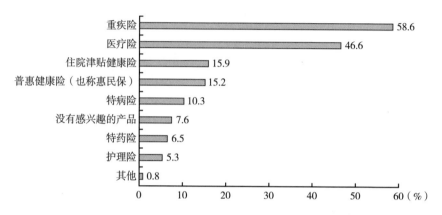

图2　被调查职业人群最感兴趣的商业健康保险

从选购商业健康保险时关注的产品相关内容看，产品保障内容、保费价格、保障额度是被调查者回答最为关注的三个方面（见图3）。此外，理赔服务是否便捷、是否提供医疗便利服务等也是半数被调查者关注的方面。

询问被调查者"您认为目前健康保险市场上的产品，是否能满足您对此类产品需求"，结果显示，51.7%的样本回答"了解不够，不清楚是否能满足"，仅有37.1%的样本回答"能满足"。对能够接受的商业健康保险销售渠道，样本数据结果显示，保险公司的官网、App或小程序是被调查者最能接受的销售渠道（见图4）。

职业人群对购买商业健康保险必要性的看法，54.3%的样本认为有必要购买商业健康保险，也有16.2%的样本认为没有必要购买（见表2）。对购买商业健康保险必要性的判断，一方面受个体健康状态及对健康保险认知的影响，另一方面现持有基本医疗保险能否提供

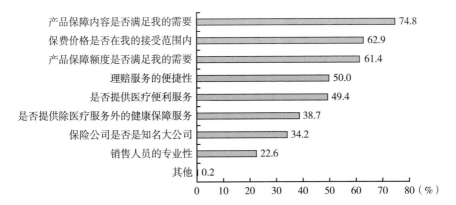

图3 被调查职业人群关注的商业健康保险产品内容

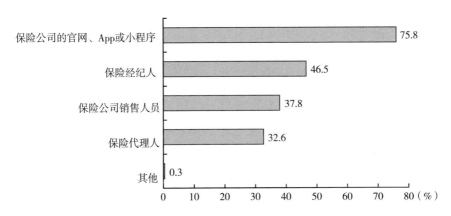

图4 被调查职业人群能接受的商业健康保险销售渠道

满足个人需要的医疗保障也是重要因素。从对商业健康保险了解的程度看，仅21.4%的样本对商业健康保险"比较了解"或"十分了解"，58.4%的样本个体属于"了解一点"（见表3）。因此，需要对职业人群开展有针对性的商业健康保险知识宣传，强化对商业健康保险的认知。同时，保险公司需要关注，从可接受的销售渠道看，被调查者选择最多的销售渠道对开展健康保险产品宣传不利。商业健康保险的专业性较强，专业的保险经纪人可能利于帮助顾客认知产品并做

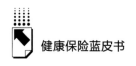

出购买选择，但是多数人偏好保险公司官网、App 或小程序，会带来宣传推广上的挑战。

表2　被调查职业人群认为购买商业健康保险的必要性

单位：个，%

	有必要购买	必要性一般	没有必要购买
频数	467	254	139
频率	54.3	29.5	16.2
累计频率	54.3	83.8	100.0

表3　被调查职业人群对商业健康保险的了解程度

单位：个，%

	完全不了解	不了解	了解一点	比较了解	十分了解
频数	31	143	502	164	20
频率	3.6	16.6	58.4	19.1	2.3
累计频率	3.6	20.2	78.6	97.7	100.0

从基本医疗保险满足个体医疗保障需要看，64.7%的样本认为基本医保能满足需要，35.3%的个体认为不能满足需要或一般满足（见表4）。同时，被调查者对基本医疗保险与商业健康保险之间的关系判断上，39.4%的样本认为"基本医疗保险不能满足看病全部费用付费需要时，购买商业健康保险提供额外的医疗费用报销"；30.7%的样本认为"医疗费用补偿是基础，商业健康保险最好能够提供必要的看病便利"；同时，也有16.3%的样本表示"医疗费用补偿是基础，最好能够提供健康管理服务，帮助改进健康"；也有13.6%的样本认为购买商业健康保险"多一重保障会更安心"。

表4　被调查职业人群认为基本医疗保险能否满足基本医疗保障需要

单位：个，%

	不能满足	一般	能满足
频数	90	214	556
频率	10.5	24.9	64.7
累计频率	10.5	35.3	100.0

近年来，各地政府积极协同商业健康保险公司推出普惠健康保险（惠民保），样本数据显示，对惠民保与商业健康保险之间购买选择态度，有相当一部分被调查者对商业健康保险持有积极态度。例如，31.4%的样本认为"有了惠民保，我也会购买商业健康保险"，9.3%的样本认为"我会购买商业健康保险，不买惠民保"，仅有14.9%的样本表示"有了惠民保，我就不需要购买商业健康保险了"。

询问被调查者能接受的商业健康保险的最高价格范围，结果显示，年保费最高可接受范围在500元及以下的占比19.1%，501~1000元的占比28.4%，1001~2000元的占比18.8%，2001~3000元的占比12.0%，3001~4000元的占比6.3%，4001~5000元的占比7.2%，5000元以上的占比8.2%。

本调查还询问了被调查者是否考虑为家中老年人购买商业健康保险，结果显示，71.3%的样本回答会考虑为家中老年人购买商业健康保险，仅22.8%的样本回答没有考虑过，另有5.9%的样本"家中没有老人"。

（三）不选购商业健康保险的原因

为了解职业人群不购买商业健康保险的原因，本调查设置了追问题项，分为两种情况：一是"曾经购买过，后来不购买了"（样本占比19.0%），二是"一直没有购买任何商业健康保险"（样本占比41.7%）。

对曾经购买过商业健康保险但是后来不购买的原因分析，结果显示，客户逆向选择行为较为明显，体现为"现在身体感觉良好，感觉用不上"的个体占此类人群的22.1%，"每年交保费，没有理赔，不划算"的个体占此类人群的29.4%；此外，"理赔体验不好，手续烦琐，也赔不了多少"原因占比22.1%，还有17.2%的个体对保险公司有负面认知，认为"需要理赔时，保险公司总想着怎么少赔付或不赔付"（见图5）。保险公司需要对此部分流失顾客原因予以重视。

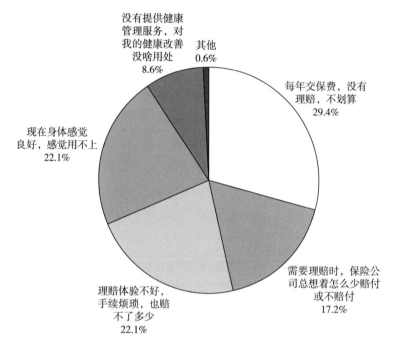

图5　被调查职业人群曾经购买过但后来不购买商业健康保险的原因

对一直不购买任何商业健康保险的原因进行分析，结果显示，在不购买样本中41.2%的个体认为"没有需求，基本医疗保险对我而言已经够用了"；在有需求的个体中，"不清楚应该怎么选择健康险产品""理赔条款难理解，不确定是否能理赔到""不清楚应该选择哪家公司产品"等是最为主要的原因（见图6）。可见，消费者的健康保险知识不够且保险公司宣传不到位，是影响有需求但目前一直未购买者是否选购的重要影响因素。

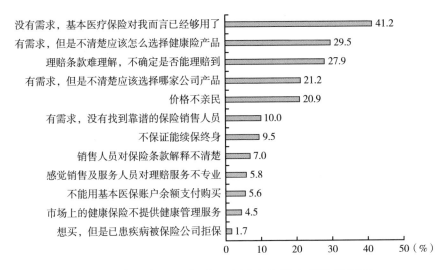

没有需求，基本医疗保险对我而言已经够用了 41.2
有需求，但是不清楚应该怎么选择健康险产品 29.5
理赔条款难理解，不确定是否能理赔到 27.9
有需求，但是不清楚应该选择哪家公司产品 21.2
价格不亲民 20.9
有需求，没有找到靠谱的保险销售人员 10.0
不保证能续保终身 9.5
销售人员对保险条款解释不清楚 7.0
感觉销售及服务人员对理赔服务不专业 5.8
不能用基本医保账户余额支付购买 5.6
市场上的健康保险不提供健康管理服务 4.5
想买，但是已患疾病被保险公司拒保 1.7

0　10　20　30　40　50（%）

图 6　被调查职业人群不购买商业健康保险的原因

（四）健康管理服务需求

本调查询问了被调查对象最感兴趣的健康管理服务类型，数据统计结果显示，关于重大疾病早期筛查的方案服务、健康和疾病筛查服务是半数以上被调查者最感兴趣的项目。同时，健康监测、健康和疾病风险评估也是较为感兴趣的服务项目。在生活方式相关健康管理服务上，被调查者对健康生活方式的养成管理、营养饮食管理、健康运动管理感兴趣的个体占总样本的 1/5 左右（见图 7）。

本调查同时询问了是否愿意付费购买健康管理相关服务，结果显示，超过 60% 的样本愿意以合理的价格购买健康管理服务，其中，愿意以合理的价格向健康管理公司购买服务的个体占总样本的 35.2%，愿意以合理的价格向健康保险公司购买服务的个体占总样本的 25.1%（见图 8）。

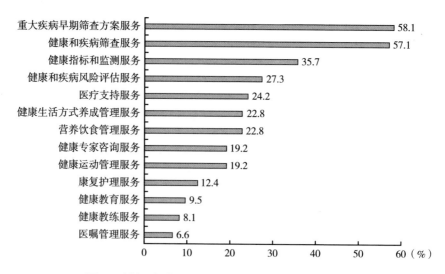

图7　被调查人群最感兴趣的健康管理服务类型

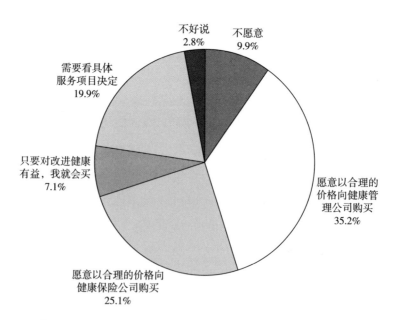

图8　被调查职业人群对是否愿意付费购买健康管理相关服务的态度

此外，还询问了被调查者对"保险公司提供哪些健康服务能受到顾客青睐"的看法，结果显示，超过半数的被调查者认为，向顾客提供体检、专业健康状态评估服务会受到顾客欢迎；超过40%的被调查者认为，向顾客提供健康生活方式管理（饮食、运动、心理等）、在线医生服务等会受到顾客的欢迎（见图9）。

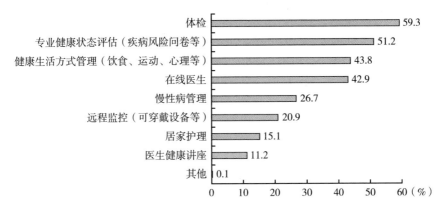

图9 被调查职业人群认为保险公司提供哪些健康服务能受到顾客欢迎

本调查报告主要是针对职业人群展开的调查，其中，商业健康保险购买者占比约为1/3。在2022年度的蓝皮书中，专门针对健康保险参保人开展了类似调查，从两次调查结果数据比较可见，对健康管理服务项目类型的偏好、对付费购买健康管理服务的态度呈现出相似的结果〔参见B.4《参保人健康管理服务需求调查报告》，载《中国健康保险发展报告（2022）》〕。可见，保险公司开发提供相关的健康管理服务，不仅能够为已有参保客户提供优质服务，还能成为吸引潜在客户的重要服务卖点，可提升保险产品的市场吸引力。

四 调查结论

本调查对长三角与京津冀地区职业人群健康保险需求进行了初步

调研，了解职业人群对保险需求的基本情况及影响因素，期望为健康保险公司经营产品提供参考。通过本次调查，得出如下初步结论。

第一，重疾险和医疗险是职业人群最为关注的健康保险，市场需求较大但未得到有效满足，产品保障内容、保费价格和保障额度是消费者关注的重点。调查显示，虽然 64.7% 的被调查者认为现有的基本医疗保险已经能够满足基本医疗保障需要，但是仍有 54.3% 的被调查者认为还是非常有必要购买商业健康保险。能否提供满足顾客需要的保险产品是影响顾客选购的关键。同时，开发保障对象为家庭老年人群但购买人群为老人子女的商业健康保险，可以是健康保险公司未来考虑的潜在市场。

第二，健康保险知识素养是影响顾客选购的重要因素，但顾客信赖的销售渠道方式不利于保险公司开展产品宣传。调查结果表明，多数被调查者对商业健康保险的了解程度并不高，超过四成的被调查者一直没有购买过任何商业健康保险。其中，有需求但没有购买的原因中，不了解产品、不知道如何选择、不知道该选择哪家公司产品等是最为主要的原因。保险产品属于典型的非渴求品，消费者购买健康保险产品的主动性原本就不同于普通消费品。健康保险产品又有一定的专业性，需要相对专业人员的介绍与沟通才能利于顾客理解。从顾客最可接受的销售渠道看，来源于保险公司的直接信息（官网、App 或小程序）是顾客最为信赖的来源，保险经纪人渠道稍逊一些，如何克服不同销售渠道对顾客认知与了解保险产品的不足之处是公司需要考虑的内容。

第三，顾客愿意主动付费购买健康服务，重大疾病早期筛查方案服务、疾病筛查服务、健康指标和监测服务是顾客最需要的健康服务。职业人群对健康管理服务有较强的需求，而且保险公司提供适当的健康服务能够赢得顾客欢迎。对于保险公司来说，通过自营或者与健康管理服务公司合作的方式，提供健康监测、重大疾病早筛方案、特定疾病的筛查等服务，无论是对维系老客户还是开辟新客户都是有利的。

五　对策建议

本调查报告结论表明，职业人群对商业健康保险具有较强的需求，关键在于保险公司是否能够开发出适合顾客需要的产品，并通过合适的宣传推广方式让顾客接受产品。基于调查发现，主要提出如下发展建议。

第一，建议在顾客分类的基础上，针对特定顾客群体开发满足个人和家庭需要的健康保险产品。重疾险和医疗险是职业人群最感兴趣的健康保险产品，保障内容是消费者最为关注的方面。这就需要保险公司针对特定职业顾客群体开展专门研究，摸清不同类别顾客的需求。此外，现阶段顾客保险需求不仅体现在购买者个人保障需要上，还可能表现为购买者为家人保障需要上。例如，专业开发针对职业人群长辈保障需求的服务产品等，特别是提供一体化职业人群家庭人员健康保障服务。现阶段，"70后"、"80后"甚至"90后"职业人群多高学历、高工作强度的工作者，少有时间投入家人的健康照护或管理上，对家人健康医疗的整体解决方案渴求较为强烈，市场对此关注不足。健康保险市场需求并不缺乏，而是保险公司并未挖掘出顾客的有效需求。

第二，建议健康保险公司优化产品宣传与推广方式，提升工作人员的专业服务能力，针对目标顾客群开展健康保险宣传活动，提升目标客户的健康保险知识素养，强化顾客对保险产品的认知。本调查报告显示，消费者的健康保险知识及对产品的了解是影响现阶段选购的重要因素，如何通过消费者能够接受的方式，将专业的健康保险知识传递给消费者并帮助消费者选择，是保险公司进行产品宣传和业务推

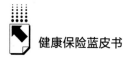

广时应考虑的重点。建议保险公司摒弃传统的保险推销方法，主动研究顾客健康消费行为，将保险及其服务置于顾客主动健康行为范畴内，探索以顾客需求为中心的信息推广方式，服务顾客对健康保险相关知识的了解。针对特定顾客群体，开展基于应用场景的体验式营销，进一步增加顾客对健康保障产品的认知。同时，需要提升服务人员专业化水平，降低服务人员因专业程度不高而影响顾客对产品的信任。

第三，建议健康保险公司开发并提供标准化的健康管理服务。职业人群对健康管理服务具有一定的潜在需求，健康保险公司无论是从服务现有客户健康需求角度，还是从开发新客户、开辟新业务领域角度，都可以探索推出不同形式或模式的健康服务。现阶段，行业内健康管理公司发展相对不成熟，保险公司可以利用自身资本优势，整合行业内聚焦特定健康管理业务的新兴企业，将健康管理服务模块标准化并与健康保险产品有机融合，会极大提高公司服务能力与产品市场吸引力。

B.5
海南省气候康养产业发展前景与保险业机遇研究

钱芝网　吴孟华　阎建军*

摘　要： 海南具有优越的气候资源禀赋，发展气候康养产业，是科学、合理利用气候生态环境资源，践行绿水青山就是金山银山理念的有效途径，是实施健康中国战略、乡村振兴战略的重要措施，是促进健康产业供给侧结构性改革的必然要求。海南气候康养产业已初具规模，并将进一步优化空间布局，推进重点工程项目建设。有关部门将统筹推进保险业与气候康养产业的融合发展，把气候康养医疗和康养旅游服务融入保险产品与服务当中，支持保险业提供"多样化保险产品+全周期气候康养服务"。

关键词： 气候康养　保险业　健康中国　海南

一　前言

"气候康养"是以气候资源条件为依托，以康养旅游为目的，并

* 钱芝网，上海健康医学院规划处处长，教授，研究方向为健康经济与健康产业规划；吴孟华，"海南省气候康养产业发展规划"课题项目负责人，海南一龄博鳌超级中医院院长；阎建军，中国社会科学院金融研究所创新工程执行研究员，中国社会科学院国家金融与发展实验室保险发展研究中心主任，研究方向为健康保险、医药卫生体制改革等。

提供完善的配套服务与康养设施，寓旅游于养生、寓养生于旅游的一种新兴特色旅游活动。气候康养理念早在公元前就由我国古典哲学家和中医药学者提出并进行了临床实践，同期的古希腊学者也有相应的论述。而气候康养产业发展却是起源于欧美发达国家，早在16、17世纪，英国和瑞士的医学家就开始重视自然气候因素对疾病的影响机制。18世纪末，一些国家出现了用海滨、山地和沙漠气候治疗疾病的尝试。德国在这方面起步很早，19世纪就成立了健康气候相关组织和机构，包括美国、瑞士等已形成了规模化、规范化的康养产业发展模式。目前我国气候康养旅游主要有避寒康养旅游、避暑康养旅游和天然氧吧康养旅游等类型。

气候医学（climate medicine）主要是通过观察气候与人体健康的适时参照情况，研究气候要素（主要是气温、气压、风速、湿度等）与人体生理和病理的关系，分析各种气候要素与疾病的内在联系及其对疾病发生、发展过程的影响，讨论气候变化对机体健康和疾病的效应，防止不利的气候环境对人体健康造成损害，并运用对人体有益的气候环境来保健和治疗疾病。

康养医学（rehabilitation and recuperative medicine）主要是指通过医疗技术及服务针对各种原因引起的慢性病患者、亚健康人群、功能障碍者以及不断增长的老年人群和整形美容等特殊需求相关人群，以改善躯体功能及性状、提高生存质量为目的的各种医疗服务，包括亚健康康复、心理治疗、身心调养、美容塑身整形、老年医疗护理等。康养医学涵盖不同年龄段的人群以及不同健康状态的人群。气候环境是对人体健康有重要影响的因素之一。老年人等弱势群体对气候环境的调节能力较弱，其健康更容易受到气候的影响。结合地方气候地理环境因素，因地制宜运用对人体有益的气候地理环境来对不同的健康需求进行保健和治疗疾病，即为融合了气候医学的康养医学。

气候康养医学（rehabilitation and recuperative medicine with climate）

是将气候医学与康养医学相结合，利用气候因子或经过改造的微小气候的物理、化学作用对疾病进行防治，促进慢性疾病患者康复疗养以及健康人群保健的医学。气候康养的主要作用是从有害的气候环境转移到有益的气候环境，接受新的气候刺激，从而使机体功能向好的方向转化。

适用于气候康养的疾病包括呼吸系统疾病，心血管、血液循环系统疾病，皮肤病，风湿性疾病，肌肉骨骼炎症，胃、肠、肝、胆等消化系统类疾病，神经及心理疾病，泌尿系统疾病，妇科问题，儿童学习、心理、语言等障碍。

目前，德国已形成较为成熟、完整的产业链条，自然疗法已被纳入医保体系，其通过在优质自然环境中融入水疗法、运动疗法以及医疗环节等，实现对各类人群的健康恢复、辅助治疗与康复及健康管理。

亚洲地区的气候康养产业起步较晚，但发展迅速，以日本、韩国等最为典型。日本于2004年成立了森林养生学会，于2007年成立了森林医学研究会，而后制定了科学统一的森林浴基地建设标准和认证体系，形成了森林疗法和森林浴两种森林康养模式，通过循证医学对森林环境气候的科学认定，实现关于森林康养对人体健康影响有效评估。韩国与日本的发展模式类似，其于2007年起便将"森林疗愈"作为健康领域主要的施政目标之一，现已建成覆盖全国范围内的森林疗愈服务体系。

当前，随着全球旅游业的快速发展以及人们对健康需求的不断提高，气候康养产业综合化和国际化、多元化和多层化的发展趋势不断提升。一是人群医疗与健康需求重点逐渐向前端预防和后端疗养延伸。二是气候康养产业规模不断扩大，市场需求旺盛，产业链条持续向多行业领域不断衍生，康养技术不断升级创新。三是康养产业市场更加细分（全人群、全时段、多类型），康养目的地选择由资源引领

转为以自身健康需求驱动为主导。

发展气候康养产业，是科学、合理利用气候生态环境资源，践行绿水青山就是金山银山理念的有效途径，是实施健康中国战略、乡村振兴战略的重要措施，是促进健康产业供给侧结构性改革的必然要求，是满足人民美好生活需要的战略选择，更是发展全域旅游的重要抓手。随着我国人口老龄化进程的加快和健康中国战略的深度实施，全民健康已成为社会的共同目标和经济转型中的重要需求。海南省气候康养资源丰富且得天独厚，旅游群众来源广、基础雄厚，气候康养旅游（居）作为海南省健康产业高水平发展的突破口，在海南自贸港建设全面提速的背景下迎来了新的发展契机。以气候康养产业建设发展作为海南省社会经济转型的切入点，可为高质量推动海南自由贸易港和生态文明试验区双重建设注入新动能。

二　海南省气候资源禀赋优越

中国古典哲学思想和传统中医药界早在公元前就提出"天人合一""顺应自然""智者之养生也，必顺四时而适寒暑"等气候康养理念，但从产业化发展的角度来讲，相比于发达国家，我国受早期经济发展和居民收入水平的限制，气候康养市场起步较晚。近年来，随着人们健康意识的增强以及旅游需求的多样化，气候康养产业应运而生，海南省三亚地区凭借其特有的海滨气候优势，最早将旅游、养生两大概念融合，最先兴起以避寒为主导的健康养生旅游（居）的发展模式。

海南地处热带，属热带海洋性季风气候，长夏无冬，降水丰沛，光、热、水资源丰富。各地年平均气温 23.5~26.5℃，海南省等温线呈中间低四周高的环状分布，中部的琼中县最低，为 23.5℃，三亚市最高，为 26.5℃，夏无酷热，冬无严寒。气温年较差小，各地平均气温年较差 6.1~9.4℃。降水充足，各地年降水量 1042.2~2306.2

毫米，呈环状分布，东部多于西部，山区多于平原。日照充足，各地年日照时数差异较大，在 1718.2~2571.4 小时，北部的澄迈县最少，为 1718.2 小时，东方市最多，达 2571.4 小时。海南省终年湿度较大，年平均相对湿度在 74%~84%，呈由西南沿海向东北沿海逐渐递增的分布特征，最大值在东北部的文昌市，最小值在西北部的昌江县。年平均风速 1.2~4.1 米/秒，空间分布上由四周沿海向中部内陆递减，沿海高于内陆。由此可见，海南省气候资源丰富，温和湿润，雨量适中，风速柔和，全年气温均较为舒适，雨热资源配置均衡，气象灾害较轻，总体具有较明显的气候康养资源优势。

按照中国气象行业标准《气候季节划分》（QX/T 152-2012）计算，海南岛属于无冬区，仅有春、夏、秋三个气候季节，具有冬季时节可享春秋气候的特点与优势，夏季持续时间最长（260 天），春季次之（69 天），秋季最短（36 天）。实际上，海南岛秋、春相连，两者合并可称为"秋春合并季"，多年平均持续时间为 105 天。这样的气候条件可有效减轻本地及前来海南岛康养的人群因季节交替转变而造成的不利健康影响，气候—健康效益得以凸显。

2020 年 11 月海南省气象局和海南省卫生健康委员会联合发布了《海南康养气候条件评估报告》，报告从气候环境角度出发，综合考虑气候、空气质量、生态环境等方面影响，构建气候康养指数，统计分析了海南省 18 个市县（除三沙市以外）及全国 23 个主要城市的气候康养指数。结果表明，海南各市县的气候康养指数全年 12 个月均排在全国前列，康养气候条件优于国内其他城市（见表1）。

三 海南省气候康养产业初具规模

海南省坐落于北纬 18 度黄金线，北靠我国珠三角经济发达地区，南临东南亚众多国家，地理区位优势显著，是中国乃至世界重要的旅

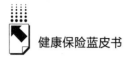
表1 全国41个城市月气候康养指数排名

排名	1月	2月	3月	4月	5月	6月	7月	8月	9月	10月	11月	12月
1	保亭县	保亭县	五指山市	五指山市	黄山市	黄山市	哈尔滨市	哈尔滨市	黄山市	西双版纳	五指山市	保亭县
2	五指山市	五指山市	琼中县	琼中县	五指山市	哈尔滨市	黄山市	长春市	西双版纳	五指山市	白沙县	五指山市
3	白沙县	三亚市	白沙县	白沙县	福州市	贵阳市	贵阳市	黄山市	五指山市	白沙县	西双版纳	白沙县
4	三亚市	白沙县	万宁市	定安县	琼中县	长春市	长春市	贵阳市	白沙县	福州市	琼中县	三亚市
5	琼中县	琼中县	屯昌县	万宁市	白沙县	五指山市	昆明市	昆明市	琼中县	琼中县	儋州市	乐东县
6	乐东县	乐东县	琼海市	琼海市	贵阳市	重庆市	五指山市	白沙县	重庆市	南宁市	乐东县	琼海市
7	昌江县	陵水县	定安县	屯昌县	重庆市	琼中县	西双版纳	琼中县	昆明市	黄山市	保亭县	昌江县
8	屯昌县	琼海市	保亭县	保亭县	西双版纳	杭州市	琼中县	太原市	攀枝花市	乐东县	临高县	西双版纳
9	陵水县	屯昌县	乐东县	黄山市	长沙市	西安市	白沙县	保亭县	贵阳市	保亭县	东方市	陵水县
10	儋州市	万宁市	澄迈县	南宁市	定安县	福州市	定安县	儋州市	杭州市	儋州市	陵水县	儋州市
11	西双版纳	昌江县	陵水县	乐东县	屯昌县	西双版纳	昌江县	昌江县	哈尔滨市	昌江县	澄迈县	屯昌县
12	万宁市	澄迈县	儋州市	西双版纳	杭州市	定安县	儋州市	万宁市	定安县	屯昌县	万宁市	万宁市
13	定安县	定安县	临高县	海口市	南宁市	长沙市	保亭县	北京市	福州市	陵水县	三亚市	琼中县
14	澄迈县	儋州市	东方市	儋州市	攀枝花市	北京市	攀枝花市	乐东县	屯昌县	定安县	海口市	东方市
15	文昌市	文昌市	文昌市	澄迈县	保亭县	屯昌县	万宁市	攀枝花市	乐东县	万宁市	定安县	澄迈县
16	临高县	西双版纳	昌江县	文昌市	儋州市	昆明市	琼海市	澄迈县	长春市	东方市	三亚市	定安县
17	海口市	东方市	海口市	陵水县	琼海市	儋州市	东方市	北京市	昌江县	昆明市	琼海市	临高县
18	东方市	临高县	三亚市	陵水县	万宁市	保亭县	乐东县	乐东县	陵水县	攀枝花市	琼海市	海口市
19	福州市	海口市	西双版纳	东方市	临高县	昌江县	临高县	攀枝花市	西安市	北海市	北海市	文昌市
20	北海市	深圳市	北海市	福州市	乐东县	万宁市	青岛市	澄迈县	陵水县	临高县	福州市	福州市
21	北海市	福州市	深圳市	重庆市	昆明市	万宁市	青岛市	青岛市	西安市	澄迈县	文昌市	北海市

续表

排名	1月	2月	3月	4月	5月	6月	7月	8月	9月	10月	11月	12月
22	深圳市	北海市	福州市	北海市	西安市	琼海市	陵水县	琼海市	万宁市	海口市	南宁市	南宁市
23	南宁市	攀枝花市	南宁市	昌江县	昌江县	青岛市	澄迈县	陵水县	长沙市	贵阳市	深圳市	深圳市
24	昆明市	广州市	黄山市	贵阳市	澄迈县	临高县	海口市	临高县	青岛市	琼海市	黄山市	攀枝花市
25	广州市	南宁市	攀枝花市	三亚市	海口市	东方市	太原市	海口市	临高县	三亚市	攀枝花市	广州市
26	攀枝花市	昆明市	广州市	长沙市	陵水县	乐东县	西安市	东方市	北京市	广州市	昆明市	黄山市
27	黄山市	黄山市	珠海市	攀枝花市	东方市	海口市	重庆市	西安市	澄迈县	重庆市	广州市	昆明市
28	珠海市	珠海市	重庆市	杭州市	北海市	陵水县	南宁市	三亚市	琼海市	杭州市	珠海市	珠海市
29	杭州市	贵阳市	昆明市	深圳市	文昌市	澄迈县	文昌市	南宁市	海口市	文昌市	贵阳市	贵阳市
30	重庆市	杭州市	长沙市	珠海市	北京市	攀枝花市	福州市	文昌市	东方市	长沙市	杭州市	杭州市
31	长沙市	重庆市	贵阳市	昆明市	三亚市	太原市	三亚市	福州市	南宁市	深圳市	重庆市	重庆市
32	贵阳市	长沙市	杭州市	广州市	哈尔滨市	南宁市	北京市	北海市	三亚市	珠海市	长沙市	长沙市
33	上海市	上海市	上海市	西安市	珠海市	文昌市	北海市	重庆市	上海市	上海市	上海市	上海市
34	北京市	北京市	西安市	郑州市	青岛市	上海市	长沙市	杭州市	文昌市	西安市	青岛市	青岛市
35	青岛市	青岛市	青岛市	北京市	深圳市	三亚市	杭州市	长沙市	北海市	青岛市	郑州市	北京市
36	郑州市	西安市	郑州市	上海市	广州市	北京市	兰州市	兰州市	郑州市	北京市	西安市	郑州市
37	西安市	郑州市	北京市	青岛市	郑州市	广州市	珠海市	郑州市	太原市	郑州市	北京市	西安市
38	兰州市	太原市	太原市	太原市	上海市	珠海市	广州市	上海市	广州市	太原市	长春市	太原市
39	太原市	兰州市	兰州市	哈尔滨市	太原市	深圳市	深圳市	广州市	深圳市	哈尔滨市	哈尔滨市	长春市
40	长春市	长春市	长春市	长春市	长春市	郑州市	郑州市	珠海市	珠海市	长春市	兰州市	兰州市
41	哈尔滨市	哈尔滨市	哈尔滨市	兰州市	兰州市	兰州市	上海市	深圳市	兰州市	兰州市	太原市	哈尔滨市

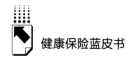

游目的地之一，拥有独特的自然气候环境和丰富的康养资源（如海滩、热带雨林、温泉等），为气候康养产业发展奠定了优越的基础条件。改革开放后，三亚地区依托当地特有的海滨气候资源和旅游资源，最早将旅游、养生两大概念融合，率先兴起健康养生旅游的发展模式，其他市县紧随其后，吸引大量北方特别是东北地区的人群南下海南岛开展康养旅游（居）活动，逐渐形成一种"候鸟式康养"的社会生活行为。随着"候鸟人群"数量的不断攀升，海南省气候康养产业发展迎来了巨大的市场机遇。

2019年以来，海南省委省政府针对健康产业发展做出了"大力发展基于气候治疗的康养医疗""重点发展特色气候康养""建设气候康养新基地"等一系列重要决策部署，先后发布《海南省健康产业发展规划（2019～2025年）》《海南省康养产业发展规划（2019～2025年）》《海南省健康医疗旅游实施方案》等系列文件，呈现出空前力度和坚强决心，鼎力推进全省康养产业高质量发展。

目前，海南省已基本建立起气候康养产业保障及服务体系，气候康养产业配套要素更加健全，气候康养产业发展的营商环境更为有利。部分市县依托当地海滨、森林、温泉等优质资源，结合中医文化，发展具有高度专业性和区域特色的气候康养旅游产品。多次举办"康养旅游产品推介会"，持续推出不同康养旅游产品，满足了消费者对健康养生和旅游产品提质升级的需求。全国首个"气候康养示范基地"落户保亭县。正在经营的气候康养项目8个，建设中的气候康养项目24个，谋划的气候康养项目19个。

海南省气候康养产业发展规划课题已经结项，课题组提出了海南省气候康养产业空间布局与重点工程，整体思路如下。

第一，形成更加合理的气候康养产业空间布局。根据自然优势资源划分为以下六个方面：一是热带雨林气候康养布局，五指山、保亭、琼中；二是海滨气候康养布局，万宁；三是山地立体气候康养布局，五指山、万宁、琼中；四是温泉气候康养布局，保亭、万宁、儋州、琼海；五是乡村田园气候康养布局，保亭、琼中、儋州、琼海；六是盐田气候康养布局，儋州。

第二，重点建设具有鲜明地方特色的"海南气候康养先导区"。这些先导区包括"保亭温泉气候康养先导区""琼中山地立体气候康养先导区""五指山热带雨林气候康养先导区""万宁海滨气候康养先导区""儋州盐田气候康养先导区""琼海乡村田园气候康养先导区""其他类型特色气候康养先导区"等。

四 建设"保险+气候康养"高地

有关部门将统筹推进保险业与海南省气候康养产业的融合发展，把气候康养医疗和康养旅游服务融入保险产品与服务当中，支持保险业提供"多样化保险产品+全周期气候康养服务"。

一是叠加海南省自贸港政策先行先试优势和气候康养资源禀赋优势，打造面向"一老一小"的"保险产品+康养服务"高地。面向低龄老人，提供"银发保险产品+气候康养"综合解决方案。面向少儿群体，提供"综合保险保障+传染病预防、冬令营、游学"等一站式服务。支持保险机构对于原有的三亚等地养老社区客户，扩展提供气候康养服务。

二是支持保险机构开发海南省独有的气候康养医疗保险产品，参保人在气候康养医学中心的费用纳入商业保险支付范围。发挥海南独有的地质和气候康养优势，衔接博鳌乐城国际医疗旅游先行示范区，在医疗治疗之后，再衔接气候康养，助力术后康复，形成闭环。

三是打造中龄、中产保险客户的康养旅游活动基地。凸显海南省在气候、生态、文化等方面的特色，为中龄、中产的保险客户提供差异化、超预期的康养旅游体验，让海南成为全国知名的保险客户康养

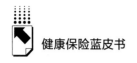

目的地和体验式营销福地。

四是支持保险机构通过气候康养，提供健康管理综合服务。在慢病疗养、职业病疗养、减压、排毒、运动康复等方面形成特色，改善客户的身心健康状况，增强保险公司的费差益和死差益，促进保险业的转型发展。

五是支持保险业投资海南气候康养机构。引导保险资金投资开发气候康养产业相关基础设施，鼓励保险资金参股或控股康养机构。

普惠保险篇

Inclusive Insurance Reports

B.6
惠民保：制度改革与制度定型

阎建军　武晓明　刘轶欧*

摘　要： 近年来，惠民保快速发展，已成为我国多层次医疗保障体系中不可或缺的组成部分。惠民保业态的独特性源自其制度特性，为了增强普惠性，惠民保制度改革引入了政策性保险思路，走准公益发展之路，走强化健康管理之路。代表性城市惠民保制度改革扎实推进，目前已经走向制度定型。

关键词： 惠民保　普惠保险　政策性保险

---

* 阎建军，中国社会科学院金融研究所创新工程执行研究员，中国社会科学院国家金融与发展实验室保险发展研究中心主任，主要研究方向为健康保险、医药卫生体制改革等；武晓明，中邮人寿保险股份有限公司战略管理部副总经理；刘轶欧，中邮人寿保险股份有限公司战略管理部主管。

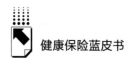

一　惠民保发展背景与现状

对于惠民保的内涵，理论界和实践界仍然缺乏共识。在本报告里，我们把惠民保界定为经过当地医保主管部门和金融监管部门共同认定的具有普惠性的补充医疗保险产品。从地域区分，它包括城市惠民保和省级惠民保两种形态。前几年，市场上出现过由某些互联网平台为了吸引眼球而推出的全国版"惠民保"，这类产品已经从市场上销声匿迹，不能被纳入惠民保范畴。另外，市场上一度出现了医保主管部门不参与而是由其他行政部门提供支持的"惠民保"产品，这些部门包括当地民政局、开发区管委会、扶贫办等，支持方式通常采取署名指导单位和参加发布会等，从2022年以来的惠民保市场情况看，在医保主管部门不参与时，这些部门已经撤回支持，这类产品已经从市场上消失，也不被纳入惠民保范畴。

惠民保于2020年大规模兴起，近年来迎来了迅猛增长期，并逐步呈现出"多地开花、逐步下沉"的发展趋势。当前，惠民保已发展成为我国多层次医疗保障体系中不可或缺的组成部分。本专题梳理惠民保发展背景、现状与经营模式，并从制度改革与制度定型角度，剖析惠民保发展趋势，为主管部门和业界提供参考。

（一）惠民保发展背景

现有的医疗保障体系仍需进一步完善提升才能满足防止"因病返贫"任务要求，这是城惠保得以兴起的基本原因。

从基本医保和大病保险看，"保基本"的定位与群众患重病就医需求之间存在落差。这两类政策性医保项目重点关注基本药物和基本诊疗项目，使得医保目录管理的统一性和大病重症患者健康需求的特殊性之间存在着矛盾，部分价格昂贵、疗效明确的药品和诊疗项目，尚不能被纳入医保目录报销范围，一部分群众承担了高额医疗费用负担。近年来多项调查表明，我国超过40%的贫困家庭是因病致贫。按全口径费用计算，目前全国各地基本医保总体报销率在60%左右（见表1），个人自付比例较高，我们估算重病群众的个人自付比例要远高于40%的总体自付水平。

表1　2010~2021年全国基本医保基金支出占卫生机构业务收入比例

单位：亿元，%

年份	全国卫生机构业务收入	全国医保基金支出	医保基金支出占卫生机构业务收入比例	个人自付比例
2010	11847.22	3538.10	29.86	70.14
2011	13926.84	4431.37	31.82	68.18
2012	16539.53	5543.62	33.52	66.48
2013	19147.45	6801.03	35.52	64.48
2014	21972.14	8133.59	37.02	62.98
2015	24144.03	9312.11	38.57	61.43
2016	27099.86	10767.09	39.73	60.27
2017	30153.16	14421.66	47.83	52.17
2018	33442.79	17823.00	53.29	46.71
2019	38009.17	20854.24	54.87	45.13
2020	35713.61	20949.26	58.66	41.34
2021	41771.77	24011.09	57.48	42.52

注：卫生机构包括医院、基层医疗卫生机构和妇幼保健院等。

资料来源：Wind数据库。

从医疗救助看，"托底线"的保障尚难以解决困难群众的重病负担。医疗救助是重要的兜底保障机制，但在各地实践中存在只保障医保目录内项目和设定支付上限等问题。部分患重大疾病的困难群众医疗负担仍然较重，例如，2019年浙江某地级市有5463名困难群众个人就医负担超过1万元，其中负担在2万~5万元的有1702人，负担在5万元以上的有245人。

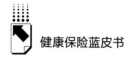

从国家医保基金收支层面看，随着人口老龄化程度的逐渐加深、劳动人口的不断减少，医保基金收入和支出虽均逐年递增，但结余率呈波动下降趋势，2021 年我国医保基金结余率为 16.3%，仍处于疫情前低值位，未来或面临医保收入和支出难以平衡的风险（见图 1）。为缓解基本医保和个人支付压力，2020 年发布的《中共中央国务院关于深化医疗保障制度改革的意见》强调，我国亟须构建由托底层、基本医保层、补充保险层构成的多层次医疗保障体系。

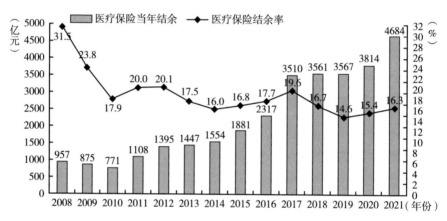

图 1   2008~2021 年医疗保险基金结余情况

资料来源：国家统计局。

（二）惠民保发展现状与发展模式

1. 市场发展现状

从产品发展规模来看，惠民保呈现持续高增长态势。2022 年，惠民保保费规模约为 124 亿元，增速达 37.78%[1]，预计 2023 年保费有望进一步扩大到 180 亿元。

从区域发展情况来看，东南沿海地区及直辖市发展水平较高。截

---

[1]   中国人寿再保险有限责任公司：《惠民保的内涵、现状及可持续发展》。

至 2022 年底，产品覆盖全国 29 个省（区、市）、92 个城市、150 多个地区。① 其中，东南沿海地区及直辖市惠民保市场发展迅速，产品数量明显多于其他地区。但一二线城市项目已趋于饱和，未来发展空间有限。目前，惠民保新项目发布主要汇集在三四线城市，其参与程度日益提升。

从居民参与情况来看。一是在参保率方面，全国居民总体参保水平不高。截至 2022 年末，全国参保人数约为 1.58 亿人，同比增长 56.2%。全国平均参保率虽然逐年攀升，但我国居民整体参保程度仍然较低，2022 年仅为 19.3%（见图 2）。② 此外，据行业统计，2022 年我国绝大部分城市惠民保项目居民参保率不足 15%。③ 二是在客群特点方面，惠民保因与其他大多数商业健康险不同，无须健康告知且无明确年龄限制，吸引了更多的高龄、非标客户参与。

从保险公司参与情况来看，呈现两方面特点。第一，在主体类型方面，市场格局呈现多主体竞争态势。当前参与惠民保业务的主要有财险公司、寿险公司、健康险公司、养老险公司、农险公司和再保险公司。海通证券统计显示，当前市场上有超 60 家险企参与惠民保业务，其中，财险公司参与积极性最高，其数量保持绝对领先优势且仍在持续布局（财险公司数量占比 59%，寿险公司数量占比 23%）。究其原因，一方面是因为车险综改导致保费承压，财险公司积极寻找新的保费增长点；另一方面是因为发展惠民保业务有助于财险公司推进"车险+非车险"的双线增长战略。第二，在承保规模方面，头部险

---

① 《"惠民保"发展模式研究》课题组等：《"惠民保"发展模式研究》，《保险研究》2022 年第 1 期。

② 《"惠民保"发展模式研究》课题组等：《"惠民保"发展模式研究》，《保险研究》2022 年第 1 期。

③ 苗艺伟：《年终收官季多地惠民保参保率下降，昔日"顶流"如何破解群众感知度难题？》，界面新闻，https://www.jiemian.com/article/8667649.html。

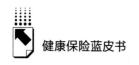

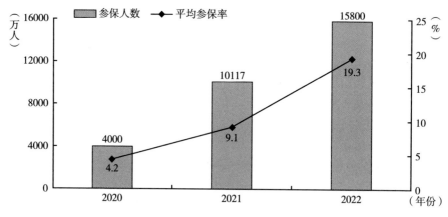

图 2   2020~2022 年惠民保参保人数与平均参保率

企仍为主力。大中型机构依靠规模及渠道优势，成为惠民保主要承保机构。排名前 3 的保险公司分别为中国人寿、人保财险和平安养老。

2. 运营模式

惠民保业务的运营由三大主体共同参与，包括政府及主管部门、商业保险公司和第三方服务平台。

政府及主管部门是惠民保的发起主体，其通过提出惠民保障需求，以招标形式选出合作保险公司，为限定地区居民提供保险保障，减轻当地医疗费用支出压力。在惠民保运营过程中，根据政府及主管部门的参与程度，可分为政府浅度参与、积极参与和深度参与三种模式，截至 2022 年 6 月底，三种模式保费占比分别为 14.82%、66.44%、18.74%。具体来看，在浅度参与模式下，惠民保运营主要依赖商业推广，而主管部门仅在必要时出席宣传活动，通过其自身强大的公信力为惠民保产品背书，一般不分享基本医保数据。该模式下居民平均参保率较低，仅为 14.38%。在积极参与模式下，医保主管部门对惠民保运营的参与度有所提升，政策支持措施包括分享基本医保数据、提供一站式结算、指导产品设计，实现了职工医保个人账户资金划扣缴纳保费。该模式下居民平均参保率达到 21.88%。在深度参与型模式下，除了以上模式的举措之外，各级政府对惠民保的投保进行组织发动，参保率指标纳入区（县）政府考核。该模式下居民平均参保率达 67.26%（见表 2）。① 本报告把政府积极参与和深度参与两种模式，界定为惠民保的主流模式。

表 2　惠民保各类模式发展状况

单位：%，个百分点

模式	保费变化	平均参保率变化	保费占比	特点
政府浅度参与	−32.53	−0.1	14.82	医保部门无数据共享、医保部门为署名指导单位或参加发布会
政府积极参与	412.22	0.1	66.44	医保部门数据共享、医保个账划扣、一站式结算
政府深度参与	4.96	3.8	18.74	参保率指标纳入区（县）政府考核、医保部门数据共享、医保个账划扣、一站式结算

注：1. 原始数据来源于《中国健康保险发展报告（2022）》；

2. 研究样本是从 2021 年 7 月初至 2022 年 6 月底，处于有效期的惠民保产品；

3. 参保率是惠民保参保人数占基本医保参保人数的比例。

商业保险公司承接惠民保保障需求，主要负责产品设计、营销宣传、保险理赔等运营流程。成功中标并开展惠民保业务的保险公司不仅能够与政府建立合作关系，扩大品牌影响力，发展更多新客源，还能够获得基本医保数据资源，助力险企优化后台精算能力。但因惠民保具有普惠性质，其为保险公司带来的盈利性较弱，公司需承担赔付风险。此外，从参与模式来看，可以划分为单独承保、共同承保和联合承保三种类型。单独承保模式是指由一家保险公司单独承保。对于

① 阎建军、于莹：《中国健康保险发展报告（2022）》，社会科学文献出版社，2022。

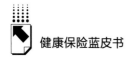

险企来说，单独承保能够充分掌握对惠民保产品的控制权和自主权，如在产品设计与营销宣传等大部分环节，险企都能够通过内部自行决定；但同时险企也需独自面对惠民保收益的不确定性，独自承担惠民保产品带来的赔付风险。共同承保模式是指由两个或两个以上保险公司共同承保并运营一款惠民保产品，其中出单责任和营销责任由"主承保方"承担，保障责任由参与承保的所有保险公司共同承担。各家险企按照约定比例进行利益共享、风险共担。共同承保模式虽然可以加强同业交流和合作，帮助各家险企在一定程度上降低赔付风险，但在收益分配和责任划分问题上有时难以达成共识。联合承保模式是指由多家保险公司共同设计一款惠民保产品，各家险企独立运营、收益自享、风险自担。这种模式能够防止同一地区出现多款同质产品，避免同业发生低效、不良竞争，但缺乏合作效用且难以有效进行风险分摊。

第三方服务平台协助保险公司发展惠民保业务，主要是通过提供第三方服务资源，帮助险企完成产品设计、营销宣传、服务责任履行等环节，并从中获取佣金利润，借助惠民保项目提高市场知名度，发展自身业务规模。第三方服务平台主体主要有三种参与模式，包括提供健康资源服务、提供技术资源服务和提供渠道资源服务。提供健康资源服务是指第三方凭借自身在健康领域积累的专业素养和经验，为险企提供特药服务、慢病管理、疾病预防、重疾就医、健康体检、在线问诊等资源服务，参与制定惠民保保险服务责任，进行产品精算定价。提供技术资源服务是指由于惠民保业务开展形式区别于其他已有的商业保险，且体量庞大，需通过第三方机构在参保信息平台搭建、数字化营销、精算与风控系统升级等方面对保险公司进行科技赋能。提供渠道资源服务是指保险经纪平台利用自身渠道流量，帮助保险公司营销推广。

（三）惠民保产品对比分析

1. 惠民保产品特点

惠民保产品价格较低，均价呈小幅上涨趋势。据亿欧智库统计，2022年惠民保产品平均售价为123元，且53%的产品价格落在50～100元区间。与之前相比，惠民保平均单价不断提升，从2020年的70元提升到2022年的123元。

惠民保产品形态不断升级，满足消费者多样化需求。惠民保多计划产品数量占比逐渐增加，从2020年的14%增加到2022年的22%（见图3）。多计划产品主要可分为两种：一是按照不同年龄进行划分，通常以60岁为分界线，向不同客群提供不同价格的产品；二是按照不同保障范围进行划分，向市场推出基础款和升级款两种产品。用户可以根据自身需求或条件选择不同价格的产品，进一步满足不同群体的个性化需求。

惠民保产品保障范围相对较广，但在特药保障责任上仍有扩展空间。惠民保保障范围相对较广，涵盖重特大疾病特药报销、门诊看病、住院治疗、送药上门等全流程健康服务。其中，特定高额药品责任是惠民保保障范围的重要组成部分。惠民保产品中设置了"特药清单"，针对特定药品设置单独起付线、报销比例和报销额度。虽然从2020年到2022年，惠民保产品平均覆盖的特药种类在不断增加，从20种增加到28种（见图4），但其整体保障范围仍然存在局限。以国家罕见病目录所列121种罕见病为例，仅有18种罕见病被惠民保产品覆盖，103种罕见病尚未被覆盖。

惠民保产品准入门槛较低，产品普惠属性凸显。相比于普通商业健康险，惠民保在投保年龄、职业和健康状况方面都无过多约束。中国卫生信息与健康医疗大数据学会发布的研究数据显示，截至2021年年中，在全国已上线的153款惠民保产品中，86.3%的产品无年龄

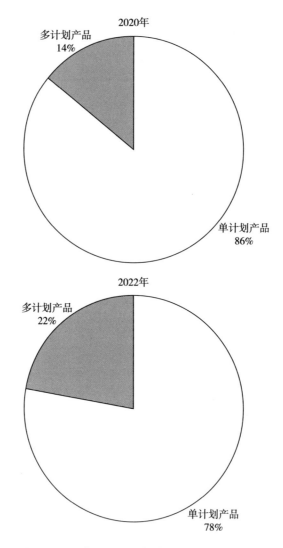

图 3 2020 年、2022 年惠民保产品占比对比

限制，且设置年龄限制的产品大部分要求也较为宽泛，如最大投保年龄设置为 80 岁等。此外，超过 90% 的产品无等待期，且允许带病投保。

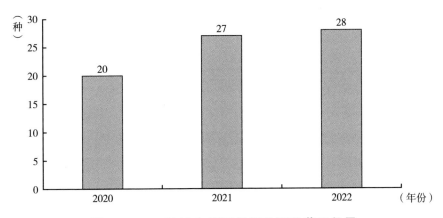

图4　2020~2022年惠民保平均覆盖药品数量

2. 产品对比

通过将惠民保产品与基本医疗保险和百万医疗险对比分析，可看出惠民保产品的特点。一是惠民保产品保费较低，大多数产品设置统一费率，均价在80元左右，是三种保险中保费最低的一类。二是投保门槛低，大多数惠民保产品和其他商业保险不同，无投保限制，可覆盖更广范围人群。三是提供"医药费用巨灾风险保障"，保额较高，涵盖基本医保目录外的住院医疗费用和特药费用。四是理赔门槛相对较高，惠民保产品免赔额多为2万元，明显高于基本医保，且仅限于在基本医保报销完成后的剩余部分超过免赔额时，才能使用惠民保报销。五是阶梯式报销，对于基本医保目录外的住院费用，很多产品采用阶梯式报销方式，比如20万元以下只报销30%，20万~50万元报销40%，51万~100万元报销50%。

二　制度改革之路：增强普惠性

惠民保属于普惠保险范畴[①]，对于普惠性的深入分析是理解其发

[①]　阎建军、于莹：《中国健康保险发展报告（2022）》，社会科学文献出版社，2022。

展脉络与趋势的关键。但何谓惠民保的普惠性，目前理论界和业界并无共识。

国际保险监督官协会（IAIS）在关于普惠保险的经典文献中提出了用"可及性"作为度量普惠性的关键指标，具体到惠民保而言，就是既往症患者（带病体）和老年人均可参保，产品不设参保门槛，保费低廉，保障适度。此外，我国多层次医疗保障制度从保基本起步，尽管保障程度逐渐提高，但是目前只能解决保基本问题，目录外的高额医药费用负担导致人民群众"因病致贫、因病返贫"，仍然要下大力气解决。据此，目录外高额费用保障程度也可作为度量普惠性的关键指标。

惠民保主流模式允许带病体投保，致力于缓解人民群众目录外高额医药费用负担，以增强普惠性。在包括惠民保在内的医疗保险机制中，患病参保人的高额医药费用主要由参保人群当中的健康人士承担。逆向选择理论认为，传统商业医疗保险基于自愿参保原则运作，在采用统一费率将不同风险人群集合在一起时，健康人群当中的部分人士认为费率过高，选择不参保或者不续保，这会导致保险费率上升，严重时陷入死亡螺旋，也就是健康人群参保数下降—费率上升—健康人群参保数进一步下降。

为了增强普惠性，就要解决逆向选择问题，也就是要提升健康人群参保需求。在本报告里，健康人群不属于既往症患者，发生目录外高额医药费用的概率较低，但概率并非为零。

对于惠民保来说，健康人群参保需求可区分为三方面：一是"生病有保障"，也就是通常说的风险保障需求；二是"无病做慈善"，亦即公益助人需求；三是疾病预防或者健康管理需求。传统商业医疗保险主要关注消费者风险保障需求；为了增强普惠性，惠民保主流模式也注重满足消费者的公益助人需求和健康管理需求。

政府主管部门在推动惠民保主流模式的制度改革时，围绕着提升健康人群参保需求，着重采取了三方面的改革举措：一是走政策性保险之路，二是走准公益发展之路，三是走强化健康管理之路。

（一）走政策性保险之路，分享行政资源，降低运营成本，提升参保人预期净收益，强化健康人群"花小钱买安心"的风险保障意识

政策性保险这个提法源于对保险业实践的总结。政策性保险与商业保险是保险业运营的两大类业务。与纯粹的商业保险不同，政策性保险是为了实现国家特定的政策目标，通过立法推动、行政推动、政策支持等方式开展。[①] 除了惠民保主流模式之外，政策性保险典型的例子还包括农业保险、交强险、安全生产责任保险、首台（套）重大技术装备保险、住宅工程质量潜在缺陷保险等。纯粹的商业保险仅采用市场化方式开展业务，政策性保险同时采用市场化方式和立法推动、行政推动、政策支持等非市场化方式推动业务开展。

下面把浙江省惠民保制度改革文件《关于促进商业补充医疗保险发展进一步完善多层次医疗保障体系的指导意见》《关于深化浙江省惠民型商业补充医疗保险改革的指导意见》等作为研究素材，论述惠民保是如何走政策性保险之路的。

基于经典逆向选择理论的分析框架，提升健康人群参保需求的途径有两方面：一是提升健康人群从惠民保项目获得的预期赔付，二是降低其保费支出和理赔成本。[②]

从改革文件看，政府或医保部门通过分享行政资源（见图5），明显降低了运营成本，有助于降低惠民保产品价格或者提高赔付水平，刺激需求。

---

① 刘京生：《保险的"二元论"：浅议商业保险与政策保险的协调发展》，《中国保险》2005年第3期。

② 阎建军、于莹：《中国健康保险发展报告（2022）》，社会科学文献出版社，2022。

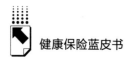

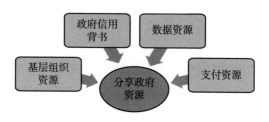

图5　政府或医保部门分享行政资源示例

改革文件明确要求浙江省各市医疗保障部门为惠民保产品设计提供数据资源，"在确保信息安全的前提下，为承办保险公司开展产品设计和校验精算提供必要的数据支持，提升商业补充医疗保险的精准性和合理性"①。

改革文件许可各市医疗保障部门分享支付资源，允许职工基本医疗保险参保人员利用个人历年账户余额购买惠民保，职工个人历年账户可为其省内基本医疗保险参保的家庭成员（配偶、子女、父母）购买惠民保。② 通过用活个人闲置在基本医保个人保险账户上的沉淀资金，间接降低了投保人成本。

改革文件要求全面实施医保结算"3+N"模式，实行基本医疗保险、大病保险、医疗救助和商业补充医疗保险赔付"一站式"结算，解决"看病垫资、理赔跑腿"问题，切实增强群众的获得感和满意度。③

改革文件还要求各级相关部门要充分发挥各自职能优势，通过各

---

① 浙江省医疗保障局等：《关于促进商业补充医疗保险发展进一步完善多层次医疗保障体系的指导意见》（浙医保联发〔2022〕22号）。

② 浙江省医疗保障局等：《关于促进商业补充医疗保险发展进一步完善多层次医疗保障体系的指导意见》（浙医保联发〔2022〕22号）。

③ 浙江省医疗保障局等：《关于促进商业补充医疗保险发展进一步完善多层次医疗保障体系的指导意见》（浙医保联发〔2022〕22号）。

种方式帮助承办保险公司宣传介绍商业补充医疗保险。上述政策举措降低了惠民保的营销成本。[①]

（二）走"准公益化"发展之路，搭建"无病做慈善"的准公益化平台，提升健康人群公益助人需求

近些年，在我国医疗保障领域，慈善捐赠已初具规模。以某大型互联网个人大病救助平台为例，截至2022年第二季度末，累计超过4.12亿认捐者通过该平台为超过258万名患者捐赠了约533亿元医疗资金，平均每位认捐者捐赠金额达129.4元。

为了引导健康人群基于公益助人进行小额投保，在政府深度参与型"惠民保"项目运营过程中，区（县）政府对投保进行组织推动，以赢得健康人群对项目公益性的信心（见图6）。随着项目的深入开展，能够长期维系健康人群信任的关键措施是推行高标准的赔付率监管举措，以及保持高透明度，深度培育健康人群对于项目"取之于民、用之于民"的认知与信念，维系公益化品牌。当然，这时基层政府也有必要继续推动，但推动难度显著降低。下面继续以浙江省惠民保制度改革文件为研究素材，论述惠民保是如何走准公益化发展之路的。

改革文件要求，实现全省投保人数稳定在基本医疗保险参保人数的50%以上，"资金赔付率达到90%以上"[②]，赔付率监管标准高，提高了项目的公益性水平，确保了惠民保保费收入主要用于待遇兑现。"保本微利"的监管要求，有助于提升健康人群的公益助人意识。对于健康人群来说，两个惠民保产品的价格相同，一个产品的赔付率不

---

① 浙江省医疗保障局等：《关于促进商业补充医疗保险发展进一步完善多层次医疗保障体系的指导意见》（浙医保发〔2022〕22号）。

② 浙江省医疗保障局等：《关于深化浙江省惠民型商业补充医疗保险改革的指导意见》（浙医保联发〔2022〕15号）。

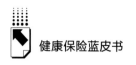

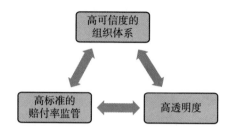

图6 政府深度参与型模式准公益化运行框架

到10%，其保费大部分成为市场机构的利润；另一个产品的赔付率法定要求在90%，市场机构只能"保本微利"，后者显然更容易激发公益助人意识和购买意愿。

改革文件要求，"加强信息公开，各市医保局应会同各银保监分局督促商业补充医疗保险共保体在当地媒体和项目App公开上年度本市商业补充医疗保险运营相关情况。内容包括接受第三方审计情况、投保人数（保费标准、参保率）、保费收入、费用支出、赔付情况（赔付支出金额、赔付人数、赔付标准）"①。惠民保项目的高透明度，也有利于提升健康人群对于惠民保项目准公益性的信心。

（三）走强化健康管理之路

两种主流模式都从一些性价比高的健康管理服务突破，增加健康人群体验感，提升健康人群获得的疾病预防收益。珠海"大爱无疆"惠民保项目探索"惠民保+癌症筛查"是其中典型代表。

癌症早期筛查和早诊早治是目前普遍认同的降低癌症发病率、死亡率的有效方法。2021年"大爱无疆"项目在原有医疗保障基础上升级推出新的健康管理服务"爱健康"行动，通过聚焦珠海高发的5

---

① 浙江省医疗保障局、中国银行保险监督管理委员会浙江监管局：《关于做好惠民型商业补充医疗保险有关工作的通知》（浙医保联发〔2022〕3号）。

种恶性肿瘤：肺癌、胃癌、食道癌、结肠癌和直肠癌，为参保人提供早期筛查和早诊早治服务。

自 2021 年起，"大爱无疆"推出新的健康管理服务"爱健康"行动，2022 年新增了乳腺癌和鼻咽癌 2 种恶性肿瘤病种筛查，被保险人符合肺癌、结肠癌、直肠癌、胃癌、食管癌、乳腺癌、鼻咽癌筛查标准的，投保年度内在指定医院进行指定病种的检查项目，其检查费用由"大爱无疆"报销 90%，个人仅需支付 10%。

2022 年度共有 7.62 万人参与癌症筛查，同比增长 12.15%，40~59 岁群体参与率最高。经初步筛查为癌症高风险人数 1.36 万人，占比 17.8%，其中 60 岁及以上人群初筛高风险占比最高。已完成专项检查 4391 例，当中发现癌症高风险阳性案例 1158 例，平均检出率高达 26.4%。已确诊早期癌症 32 例，包括通过筛查发现确诊 8 例，后续跟踪再发现确诊早期癌症有 24 例。

三　走向制度定型

只要是制度改革，就会提出制度定型问题。制度定型是制度改革成果的体现和巩固。制度定型意味着一种相对稳定的、受到认同的、可预期的重复性行为模式。[①]

（一）基层政府对惠民保投保进行组织动员的举措走向制度定型

在政府深度参与型模式下，各级政府借助基层网格化力量进行参保动员，分享了政府基层组织资源。以浙江省为例，部分城市政府把

---

① 虞崇胜：《制度改革与制度定型：改革开放 40 年后中国制度发展的双重合奏》，《行政论坛》2019 年第 5 期。

惠民保发展视为高质量发展建设共同富裕示范区的重点任务，列入民生工程加以推动。惠民保参保率被纳入了各区（县）政府年度目标责任制考核指标；乡镇、街道居委会、行政村村两委等层层建立考核机制，凝聚基层合力，统筹利用基层的组织资源，将投保组织发动工作作为一项重点工作。① 但是，在 2020～2022 年，上述城市对区、县（市）政府的惠民保指标考核，一年一议，制度不稳定，可预期性较差。

进入 2023 年以来，浙江省人民政府推行公共服务"七优享"工程②，丽水、宁波、绍兴、衢州、嘉兴、湖州、台州和舟山等城市把惠民保纳入当地公共服务"七优享"工程当中，惠民保参保率成为 2023～2027 年每年对区（县）政府的考核指标。比如，宁波市要求各区（县）政府 2023～2027 年每年惠民保参保率分别达到 38%、40%、50%、70% 和 70%。由于被列入了政府公共服务"七优享"工程五年规划，政府深度参与型惠民保模式对区（县）政府考核举措在未来 5 年内将得以巩固，预计该制度在较长时期内保持稳定（见表 3）。

表 3 浙江省部分城市公共服务"七优享"工程中"浙里惠民保参保率"五年目标（2023～2027 年）

单位：%

城市	2022 年	2023 年	2024 年	2025 年	2026 年	2027 年
宁波市	25	38	40	50	70	70
衢州市	80	80	≥50	≥70	≥70	≥70
湖州市	70	70	>70	75	75	>75

---

① 阎建军、于莹：《中国健康保险发展报告（2022）》，社会科学文献出版社，2022。

② 《浙江省人民政府办公厅关于印发 2023 年政府工作报告重点工作责任分解的通知》提出，实施公共服务"七优享"工程。聚焦"幼有善育、学有优教、劳有所得、病有良医、老有康养、住有宜居、弱有众扶"七大领域公共服务，大力推进公共服务普惠均等可及，持续增进民生福祉，为实现"两个先行"提供有力支撑。

城市	2022 年	2023 年	2024 年	2025 年	2026 年	2027 年
嘉兴市	65	65	65	70	70	>70
丽水市青田县	—	>70	>70	>70	>70	>70
绍兴市柯桥区	50	50	>70	>70	>70	>70
台州市温岭市	50	50	>50	70	70	>70
舟山市嵊泗县	30	50	50	70	70	70

注："参保率"在原文中是"投保率"。

资料来源：上述城市政府官网。

（二）医保主管部门的支持措施走向制度定型

在政府积极参与和深度参与两种模式下，医保主管部门对于惠民保的发展都给予了政策支持，这些措施包括主管部门分享基本医保数据、提供一站式结算、指导产品设计，实现了职工医保个人账户资金划扣缴纳保费。上述措施已经常态化和标准化，从丽水、衢州、绍兴、杭州、广州、珠海等城市两年多的实践看，医保主管部门对于惠民保的政策措施较为稳定，可预期程度强，在全国也得到复制推广。

惠民保功能定位向健康管理平台延展，在越来越多的城市得到认同。

2023 年，珠海市惠民保"爱健康"行动的健康管理服务范围再扩大，打造综合性"健康管理平台"。在前期已开展的恶性肿瘤服务的基础上，进一步推进恶性肿瘤等重大疾病以及高血压、糖尿病两种慢性病的早筛早诊早治，并提供相应的健康管理服务。癌症风险筛查病种增加至 10 种，符合条件的被保险人可享受相应服务包内约定的健康管理服务，服务费用由"大爱无疆"项目支付 100%。启动实施高血压和糖尿病"两病卫士"健康管理服务项目，所需检查检验、干预管理促进等服务费用由惠民保项目 100% 承担。10 月下旬，珠海

市 16 家"两病卫士"服务机构已完成签约并正式为参保人提供"两病卫士"服务。

2023 年 11 月初，广州市惠民保推出了"健康行"，不定期提供免费的健康管理服务，让参保人的健康有备无患。第一期"健康行"将赠送"两病卫士"服务，通过问卷评估，筛选高血压、糖尿病高风险或患病被保险人，为其提供健康管理服务项目，积极预防冠心病、脑梗死、肾脏及视网膜病变、糖尿病足等严重并发症的发生及发展。发生的相关服务费用和检验检查费用，均由惠民保 100%支付。

2023 年 5 月初，深圳专属重大疾病保险全新升级为"深圳惠民保"，重点突出对医保目录外高额医疗费用的保障，同时免费提供癌症早筛、代煎中药、健康测评、图文问诊、健康直播、疾病评估六项增值健康服务。

四 小结

在主流的惠民保模式中，政府通过积极参与或者深度参与，缓解了人民群众基本医保目录外的高昂医药费用负担，实现了政府有为、市场有效、群众有感。代表性城市惠民保制度改革扎实推进，目前已经走向制度定型。但是，制度定型仍然停留在地方政府或者主管部门的政策层面，惠民保亟须从试点经验上升到国家医疗保障体系建设层面加以明确定位。

B.7
服务乡村振兴战略的邮政
普惠保险模式构建研究

武晓明　刘轶欧　阎建军 *

摘　要： 为深入贯彻习近平新时代中国特色社会主义思想和党的二十大精神，发挥普惠保险在完善多层次社会保障体系、助力全面推进乡村振兴、实现共同富裕的积极作用，中邮人寿保险股份有限公司在监管部门的大力支持下，在中国邮政集团有限公司的强力支撑下，大力发展普惠保险业务，聚焦邮政客户，深耕农村市场，强化板块协同，开展多维活动，推动数字化营销，提供普惠产品，构建"监管放心、社会认可、客户满意、邮政获益"的品牌形象，形成邮政协办特色发展模式。

关键词： 普惠保险　乡村振兴　共同富裕　中邮保险

2023 年 10 月 11 日，《国务院关于推进普惠金融高质量发展的实施意见》发布，提出要完善高质量普惠保险体系。具体到健康保险领域，一是要积极发展普惠型健康保险业务，扩大可及性，积极开发

---

* 武晓明，中邮人寿保险股份有限公司战略管理部副总经理；刘轶欧，中邮人寿保险股份有限公司战略管理部主管；阎建军，中国社会科学院金融研究所创新工程执行研究员，中国社会科学院国家金融与发展实验室保险发展研究中心主任，主要研究方向为健康保险、医药卫生体制改革等。

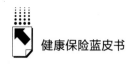

面向低收入者、老年人、新市民、残疾人等弱势群体的产品，鼓励发展面向县域居民的健康险业务，支持因地制宜发展面向农户的意外险、定期寿险业务，提高农户抵御风险的能力。二是支持保险公司以适当方式参与养老服务体系建设，探索实现长期护理、老年人健康风险保障与机构养老、社区养老等服务有效衔接。

与国家政策契合，中邮人寿保险股份有限公司①（以下简称"中邮保险"）积极履行央企使命、践行社会责任，大力发展普惠保险业务。

一 邮政普惠保险背景

（一）邮政普惠保险是落实乡村振兴战略的需要

全面建设社会主义现代化国家，最艰巨最繁重的任务仍然在农村。实施乡村振兴战略，是党中央着眼于实现"两个一百年"奋斗目标作出的重大决策，是新时代做好"三农"工作的总纲领和总抓手。2022年初，中共中央、国务院发布《关于做好2022年全面推进乡村振兴重点工作的意见》，提出要将牢牢守住不发生规模性返贫底线作为乡村振兴工作的重点。在乡村振兴战略实施中，普惠保险既是帮助农村地区家庭抵御因病因灾风险、增加财务韧性、巩固脱贫攻坚成果的重要领域，也是体现增强保险发展的人民性，加快保险强国建设的重要抓手。中邮保险通过构建邮政普惠保险模式，依托邮政的网点资源，保障普惠保险及服务最大范围触达农村用户，是坚持以人民

---

① 中邮人寿保险股份有限公司充分依托邮政网络和资源，以"守护人民美好生活""服务基层、服务三农"为己任，以促进城乡保险业均衡发展为着力点，全力打造一个体系现代化、服务大众化、管理规范化，政府满意、监管放心、百姓欢迎的新型高效商业保险公司。目前，已在22个省（区、市）展业。

为中心，让保险发展成果更多更公平惠及全体人民的创新实践探索，对满足农村群众生产生活需要、转移财务风险、促进乡村振兴具有重要意义。

（二）邮政普惠保险是推进普惠保险高质量发展的需要

为贯彻党中央、国务院关于普惠金融发展的有关精神，原银保监会在 2022 年 12 月下发了《关于加快普惠保险高质量发展的指导意见（征求意见稿）》（以下简称《指导意见》）。《指导意见》指出普惠保险是我国普惠金融的重要组成部分，是保险业为广大人民群众提供的公平可得、保障适度、覆盖广泛的保险产品和服务。同时，《指导意见》还明确支持保险公司探索委托邮政等承担国家普遍服务义务的社会基础设施（企业）在符合政策要求的情况下协助办理普惠保险服务。中邮保险在国家政策支持下先试先行，提早布局，探索邮政普惠保险特色发展模式，将普惠保险业务办理拓展至邮政非金融网点，进一步补全金融网点在县域地区的空缺。通过非金融网点的协办人员准入，进一步充实普惠保险的有生推广力量，着力扩大普惠保险覆盖面，稳步推进普惠保险高质量发展。

（三）邮政普惠保险是践行普遍服务内涵的需要

邮政普遍服务是党和国家赋予邮政企业的神圣使命，在维护国家主权、保证通信自由、服务经济民生等方面发挥着重要作用。普遍服务是中国邮政的"根"，是中国邮政的立业之本，从满足新时代人民需求来看，必须与时俱进丰富拓展普遍服务新的内涵外延。普惠保险在服务经济民生方面与普遍服务理念高度契合，是邮政普遍服务内涵的进一步延伸，通过在邮政普遍服务网点的叠加，可以更好地提高对广大人民群众宣传普惠保险及服务、普及金融知识、提供保险保障、提升抵御风险的能力，满足人民群众基础性保险需求，不断提高人民

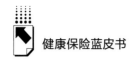

群众的获得感、幸福感和安全感。

因此，面对乡村振兴战略带来的新空间，面对监管政策的新机遇，中邮保险必须牢牢把握政策机遇，通过邮政资源的深化协同，构建邮政普惠保险发展模式，坚持普及服务和普遍实惠相结合的实践探索，才能切实扩大普惠保险的覆盖面，不断提升普惠保险服务的可及性和便利性，织密筑牢社会民生保障网，从而使邮政普惠保险成为监管放心、社会认可、客户满意、邮政获益的特色发展模式。

二 中邮保险发展普惠保险的主要做法

（一）积极实践创新，强化邮政保险协同

2022 年，为贯彻党中央、国务院关于发展普惠金融有关精神，落实原银保监会重点发展普惠保险部署安排和先行先试要求，中邮保险从年初积极协同中国邮政集团有限公司（以下简称"邮政集团"）加快推动普惠保险工作，先试先行探索邮政普惠保险的特色发展模式，这一顶层设计，开启了普惠保险高质量发展的新篇章。

1. 建立协办管理模式，加强协办组织保障

一是明确协办主体和协办服务项目。中邮保险委托邮政集团通过非金融网点协助提供普惠保险服务，邮政从事协办普惠保险的网点和人员应取得中邮保险授权资格。邮政协办网点和人员通过中邮保险微信公众号、中邮车务等平台，协助为客户提供普惠保险产品介绍、协助投保、协助保全和协助理赔四项服务。

二是明确协办合作路径。中邮保险和邮政集团签订总对总协办合作协议，确定合作内容和方式，明确权利和义务以及协办服务费结算标准和流程。各省在总部协议的基础上，签订省级协办合作协议。

三是明确各方职责分工。集团邮政业务部负责牵头组织协办合作

邮政端整体推进，统一规划和管理邮政协办工作，制定协办管理制度，配合做好协办费管理工作，督导协办职责落地实施；中邮电商负责推动完成协办发展目标，开展专项推广活动，组织协办实现全面推广。各省邮政分公司负责组织省内协办工作落地实施，完成本省协办发展目标，规范本省协办服务行为，管理协办服务质量，配合组织协办服务培训和考核，做好协办费管理和结算工作。邮政网点负责提供协办四项服务，落实集团和中邮保险协办发展规范性要求。中邮保险负责牵头组织协办合作保险端整体推进，搭建自营协办平台，做好产品开发与支撑，提升运营服务质效，完善普惠保险系统，匹配活动推广资源，组建专兼职讲师队伍；各分公司负责组织完成本省协办发展目标，组织省内宣传推广，组织开展培训考核，管控协办服务质量，负责理赔查勘，做好协办费管理和结算工作。协办工作各方的职责内容翔实具体，落实"任务到人、目标到人、责任到人、考核到人"工作机制，从组织架构上保障业务运转推进。

2.建立紧密合作机制，自上而下协同推进

中邮普惠保险项目组紧密协作，统筹推进，建立邮保月度联席会机制、督导机制、问题清单销号机制、调度通报机制、经验推广机制，对普惠保险业务动态实时监测，及时解决发展中的各项问题。各省邮政分公司和中邮保险分公司自上而下推广沿袭总部常态化管理机制，召开月度联席会议，全面总结先进市县发展经验、研讨解决业务发展问题，扎实推动各项工作有效落地。通过制定执行同频共振、上下协同的合作机制，为双方有效沟通、高效推进提供坚实支撑。

（二）搭建协办队伍，加强培训支撑

业务要发展，队伍是关键。普惠保险产品的件均保费低、销售费用低，通过传统代理人渠道下沉到县域和村域的成本较高，销售难度较大。在这种情况下，邮政普惠保险特色发展模式的优势凸显。中邮

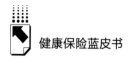

普惠保险项目组从协办模式确立后，就开始积极协同组织推动邮政协办人员的准入工作。

一是组织协办准入工作。中邮普惠保险项目组上下联动，各省精心安排，紧锣密鼓地组织邮政非金融网点的工作人员参加普惠保险协办培训及考试，通过考试的人员获得中邮保险的授权，成为邮政协办人员。截至2022年底，全国准入网点有1.4万个，准入协办人员8万人，协办队伍初步成型。

二是加强协办服务管理。中邮保险在获得协办资格的邮政网点设置"普惠保险"专属标识，明示普惠保险办理流程、理赔申请材料、服务承诺时限和禁止性行为；统一使用总部设计和印制的协办宣传材料，协办机构和人员不得私自印制；对协办服务不到位或造成矛盾升级、多次投诉的协办网点和人员，及时督促整改，投诉达到一定数量的网点和人员取消协办资格，保障业务合规开办，切实维护消费者权益。

三是组建讲师队伍做好培训支撑。中邮保险启动"星火计划"，组建"普惠精英讲师团"，建立一支普惠保险专职培训讲师队伍，下沉到市、县做好邮政协办人员培训。2023年计划在各省邮政分公司内部初步培养一支基本功扎实的兼职讲师队伍，把培训工作扎入基层网点、深入到人，确保协办人员对普惠保险的各项服务工作了然于心，全面夯实普惠保险发展基础。

（三）明确服务主体，构建"产品+服务"体系

中邮保险始终坚持回归本源，秉承"看得懂、买得起、用得着"的产品研发思路，发挥中国邮政遍布城乡的网络、业务、队伍和品牌优势，围绕城乡二元市场，整合多渠道用户数据，聚焦农村和县城的老年人、低收入人群、慢性病人群、残疾人、特殊职业等弱势群体，聚焦县域小微企业和新型农业经营主体，深入基层调研，了解客户保

障需求痛点，精准匹配客户需求研发产品，为广大人民群众提供保费低廉、保障适度、方便可达的普惠保险产品和服务。

1. 聚焦惠农合作项目村社户企店五大客群

发挥普惠保险基本保障功能，2022年重点提供意外伤害保险和住院医疗产品，依托普惠万家系列意外险、普惠健康险等8款产品，针对目标客群"手停口停"、医疗保障有限的情况，重点预防因家庭成员意外、疾病导致入不敷出，因家庭主要劳动力意外死残导致收入中断的风险；后续逐步丰富普惠性质的意外、疾病、医疗、寿险等产品。针对农民合作社、家庭农场等新型农业经营主体，2022年推出3款团体套餐计划，满足用工保障需求，后续在渐进式扩宽保障类型、提升保障额度的基础上，逐步推出针对其用工特性的雇工保、采摘保等意外险产品计划，以及支持家庭投保的定制团单计划，满足客群的特定保障需求。

2. 聚焦老年人、儿童等特定风险群体

2022年推出针对老年人群需要和支付能力的防癌类健康险产品，针对儿童的专属百万医疗产品。后续推出老年骨折险产品、慢病高血压产品、儿童学平险产品、女性孕中险产品等特定意外、疾病类产品，切实解决不同人群的保障痛点；加强同残疾人联合会的合作，研发上线针对残疾人群体的团体保险计划。

3. 聚焦新市民群体

针对快递骑手、建筑工人、网约车司机等职业风险较为突出的群体，2022年推出"快递小哥"专属意外保险产品，后续探索推出保障建筑工人、网约车司机等适合新市民人群职业特点的定寿、意外伤害和医疗类普惠保险。

4. 提升小微企业和新型农业经营主体抗风险能力

发展适合小微企业、新型农业经营主体人员的意外伤害保险和定期寿险，结合企业用工特点，2022年推出多款组合灵活的定制保障

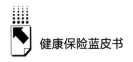
计划，后续持续推出满足灵活用工保障需求的普惠团体保险计划，实现企业和个人风险共担、灵活付费的创新服务方式。

5. 探索普惠保险"产品+服务"体系

为降低保险损失发生率，提升客户健康管理水平，在提供普惠保险产品的同时，基于不同类型的细分客群及具体场景，精准设计定制化的健康管理、体检增值服务套餐，并在保单特别约定中注明。如结合普惠保险客户细分和场景分析，差异化匹配预防监测服务；对农民合作社员的意外险产品，提供本人及家人不限次数的电话医生、乡镇医院紧急救治、120紧急救援、关爱类康复指导和心理咨询的专属套餐，并定期对健康增值服务做归因分析，持续提升增值服务质量。

（四）开展多维宣传，助力普惠保险推广

1. 线上线下融合，实现多渠道共发展

中邮保险已经将协办普惠保险上线到BSC、中邮车务、中邮惠农、邮生活、邮乐小店、邮掌柜等邮政线上平台，让来自各方渠道的协办人员能够使用自身熟悉的平台开展业务，拓宽线上协办渠道。中邮保险依托线下邮政网点遍布乡镇和乡邮员深入千家万户、走村入户的优势，通过日常培训、布放宣传物料，使邮政基层人员了解普惠保险产品和服务，并将其深入宣传到乡镇区域，最快触达最广范围的人民群众。这种"线上+线下"的普惠保险协办模式，是发挥邮政独有资源禀赋的协同布局，极大提升了邮政品牌普惠保险的覆盖面和可得性。

2. 同频共振联动，实现总分聚力推动

中邮普惠保险项目组统筹策划全年普惠保险推广活动方案，结合电商年货节、保险开门红、919电商节等主题活动开展专项宣传推广，统一制定奖励政策，激发一线协办人员的主观能动性、积极性，推动普惠保险规模发展。

一是上下联动，各省邮政分公司和中邮保险分公司根据总部活动制定本省营销方案，投放宣传资源，充分发挥省分公司主观能动性，做到季季有主题、月月有活动。

二是突出重点，开展重点节假日主题营销宣传推广活动，依托网点资源，通过裂变营销模式，实现协办人员持续引流、业务规模持续增量。

三是客户导向，充分掌握普惠保险产品特点，结合本省客群资源，做好客户画像，多层次、多形式、高频率开展宣传，将适合客户生活场景的普惠产品适时匹配推广。

（五）加大科技支撑，推动普惠保险数字化

1. 探索建立普惠保险数字化运营

整合邮政集团、第三方健康管理公司、TPA 公司等多方资源，建设普惠保险系统，建设兼具普惠产品、普惠服务、普惠生活三大功能的前端服务工具，统筹运用到客户、协办人员、管理人员等前台、中台、后台用户，满足规模高并发、医疗险激增、产品+健康管理服务、特色协办管理等需求，探索打造普惠保险业务的数字化经营。

一是数字化营销。通过邮政集团 BSC、中邮车务、中邮惠农、邮生活、邮乐小店等线上服务平台高效触达客户，打通后台客户数据池，根据营销客群特点，构建客户模型，依托邮政集团 CRM 筛选高潜客户适配符合其消费行为需求的险种产品，进行重点推广，全面提升转化效能。

二是数字化服务支撑。提供协办服务工具，增加运营服务的效能和友好度，通过服务赋能，实现客户线上自助服务和线下协办服务效能双重提升。

三是数字化经营。逐步实现产品数字化、流程数字化、客户轨迹数字化，提升客户多维数据挖掘能力，建立普惠保险数据分析体系，

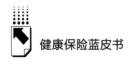

跟踪总结营销推广经验，实现产品服务敏捷迭代，打造客群—产品—服务最优化组合，持续优化普惠保险经营策略。

2. 建设普惠保险业务共享平台

一是普惠保险业务办理，针对不同类型产品特点，打造微信公众号"普惠保险专区"，搭载普惠保险承保、保全、理赔服务功能，提供团体、个人、短期多层次的普惠保险产品投保服务，以移动数字化为基础，提升客户经营能力与自服务能力，让"数据多跑路，用户少跑腿"，为客户提供一站式服务。

二是普惠保险业务管理，实现 A 端（邮政协办）、B 端（企业）、C 端（客户）前台服务系统与后台系统融通，实现普惠保险业务、机构、费用全流程管理，以数据为基础，提升业务管理质效；完成普惠保险产品开发上线、运营支撑服务，提供活动策划组织、数据统计分析功能。

三是协办机构管理，通过与邮政集团各平台进行系统对接，实现协办机构、人员信息、协办费用等数据双方同步更新；通过共享平台实现对协办人员的培训考核、营销活动管理，保障协办人员信息的透明化及时效性，防范业务开办合规风险。

（六）聚焦农村市场，提升普惠保险服务乡村振兴的能力

一是重点推动惠农合作项目。惠农合作项目是邮政集团和农业农村部合作推动的项目，中邮保险聚焦村社户企店客群，嵌入邮政集团生产生活推广的多个环节和代理金融的普惠金融生态，融合打造"惠农+保险"的场景，以普惠保险为抓手助力推动惠农合作项目。

二是数字化赋能乡村振兴。重塑网点端到端流程，在乡镇邮政网点，客户办理承保、保全和理赔等业务时通过"普惠保险专区"实现普惠保险全流程线上服务，将数字化服务触点延伸到每个邮政网点，打通服务"三农""最后一公里"。自业务开办以来，"普惠保险

专区"与邮政集团各线上平台对接，系统覆盖各准入网点和准入协办人员，实现县域出单率达到40%以上。成功探索了数字化服务在县域及乡镇区域提供专业赋能，增强农村地区金融产品推广的可行性，初步实现了普惠保险服务乡村振兴的科技赋能。

三是强化农村地区金融知识宣传。针对乡村地区消费者较为关注的防范非法集资、防范非法"代理维权"侵害的问题，组织开展多种形式、生动活泼、简单易懂的金融消费者权益保护知识普及活动，有效触及消费者60余万人次，同时涌现出一批如江苏岔河镇"1+1爱心宣传队"、福建宜夏村"警惕非法代理维权侵害专题讲解"、广西壮乡"山歌宣传消保知识"等优秀消保宣传案例。

三　中邮保险发展普惠保险的良好效果

（一）赢得了良好的社会效益，彰显了顶层设计与实践探索的辩证统一

邮政普惠保险特色发展模式的构建，充分发挥了邮政渠道资源禀赋，有效提升了保险服务乡村振兴、助力实现共同富裕的底层能力，赢得了监管部门和市场的认可。在原银保监会起草《指导意见》的过程中，中邮保险积极参与普惠保险高质量发展的顶层设计，并紧跟政策步伐，协同邮政集团大胆先试先行，定期总结汇报实践进展，又将实践结果反馈到后续的方向调整中，彰显了顶层设计与实践探索的辩证统一，进而在监管部门树立了良好形象，并在业务开展的过程中，树立起邮政特色普惠保险的品牌形象，是邮政承担社会责任、承担普遍服务义务的进一步内涵延伸，充分体现了邮政的央企担当。

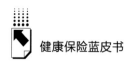

（二）实现了良好的经济效益，形成了邮保板块协同的新模式

邮政普惠保险特色发展模式的构建，首次打造邮保后台互通、数据互传的业务系统，组建总部牵头、各级邮保紧密相连的工作组，制定自上而下的常态化沟通机制、问题清单销号机制，落实责任到省、到部门、到个人，从源头杜绝协同工作常见难题，全方位保障普惠保险协办工作的顺畅运转。自 2022 年 8 月业务正式开办以来，截至当年底共实现协办普惠保险保费收入 5158 万元、覆盖人群 27 万、风险保额 2319 亿元。在各板块协同联动优势的持续释放下，普惠保险的发展规模会迅速提升，从而进一步树立邮政普惠保险品牌形象。

（三）实现了良好的发展效益，发挥了普惠保险功能

邮政普惠保险特色发展模式的构建，促使普惠保险"利国、利民、利企业"的功能得到进一步的体现。利国层面，发展普惠保险是践行央企使命，贯彻党中央、国务院关于发展普惠金融有关精神，助力提高居民保险保障水平，丰富邮政普遍服务内涵的积极体现。原银保监会多次发文鼓励开发适合乡村振兴的保险产品，发展面对中低收入人群的普惠保险。利民层面，普惠保险价格在几十到几百元，解决猫抓狗咬、骨折、疾病住院等常见风险，具有"低保费、纯保障、高杠杆"的特点，花小钱办大事，有效规避百姓因疾病和意外致贫、返贫的风险，是典型的普惠业务。利企业层面，普惠保险客户获赔概率高、易认可，客户今年买了明年还买，增加了保险公司的业务收入；更重要的是能够获客、粘客，获得大量年轻客户的标签，有助于改善邮政客户结构。

B.8
推动普惠健康保险可持续发展研究

——以沪惠保为例

万广圣　阎建军　施敏盈　钱芝网*

摘　要： 可持续发展是各地普惠健康保险共同面临的发展难题，本报告以沪惠保为例，基于对上海和其他城市的调研数据，分析普惠健康保险发展中存在的问题，包括续保率不高、服务无感、功能单一等。提出引导共保体从被动赔付变为主动事前健康风险控制，允许将保费的5%～10%用于开展专项健康管理服务，借助大数据技术开展癌症筛查等推动其可持续发展的建议。

关键词： 普惠健康保险　可持续发展　健康服务　沪惠保

普惠健康保险对完善多层次医疗保障体系意义重大，全国发展态势迅猛。普惠健康保险，也称"惠民保""城市定制型医疗保险"等（例如"沪惠保"），填补了基本医保与商业健康保险之间的空白，

---

* 万广圣，上海健康医学院护理与健康管理学院副教授，研究方向为健康保险与健康管理；阎建军，中国社会科学院金融研究所创新工程执行研究员，中国社会科学院国家金融与发展实验室保险发展研究中心主任，研究方向为健康保险、医药卫生体制改革等；施敏盈，中国人寿保险股份有限公司上海市分公司健康保险事业部原总经理；钱芝网，上海健康医学院规划处处长，教授，研究方向为健康经济与健康产业规划。

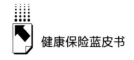

是近年来各地探索建设多层次医疗保障体系的创新产品。在各地政府的引导下，普惠健康保险大量涌现。据不完全统计，截至 2022 年底，全国各地已推出了 246 款产品，总参保人次数达到 2.98 亿，累计保费达 320 亿元，覆盖了 29 个省（区、市）。在长三角地区，截至 2022 年 12 月，江苏有 14 款产品，浙江有 16 款产品，安徽有 8 款产品。

上海市"沪惠保"开局之年市场表现良好，2021 年版总参保人数超过 739 万人，参保率高达 38.49%。据"沪惠保"官方公众号公布，"沪惠保"2021 年承保期内总赔款 7.5 亿元，共保体共受理报案 21.68 万件，单个案件赔付最高 58.71 万元，个人累计赔付最高金额 89.7 万元。可见，相对于 115 元/年的 2021 年版保费而言，"沪惠保"单个案件理赔金额、个人累计赔付金额，对于普通百姓家庭而言，"低门槛、低保费、高保额"的特点显著。同时，相比于传统商业健康保险聚焦中高收入群体且有风险选择行为而言，"沪惠保"能够更大程度实现不同人群覆盖，补充保障覆盖面更大。披露的数据显示，2021 年的获赔受益人中，65 岁以上占比 45.58%，50~65 岁占比 36.70%，26~49 岁占比 16.24%，0~25 岁占比 1.48%；年龄最大的理赔用户 101 岁，最小的仅 1 周岁。受益人群中以中老年人群为主，显示出产品对健康弱势群体具有较强的保障功能，结合赔付额度情况看，对防止家庭灾难性医疗支出、因病致贫返贫具有积极作用。

可持续发展是各地普惠健康保险共同面对的难题，"沪惠保"也不例外。相比于传统商业健康保险，低承保条件且不允许风险选择，更容易引发参保人的逆向选择行为。如果没有足够人群规模就无法达到有效的风险分摊机制标准，会触发赔付率过大而导致承保公司经营亏本，无法建立长效机制。如何引导、支持、推动"沪惠保"可持续发展，对完善多层次医疗保障体系，减轻申城百姓医疗负担，具有积极意义。

本报告在参照浙江省 8 个地级市的普惠健康保险运行情况及浙江

1.7 万名参保人调研数据的基础上，结合 900 多名上海市民及 800 多名南京市民的随机调查数据，为上海市"沪惠保"的可持续性发展提出对策建议。

一 发展中存在的问题

第一，续保率不高是影响"沪惠保"可持续发展的关键。

据统计，截至 2022 年 7 月 31 日，"沪惠保"（2022）共有 645 万人参与投保，参保人数、参保率均有所下降。相比于 2021 版"沪惠保"参保人要求，2022 版增加了新市民参保人群，将上海灵活就业人员纳入参保范围，可参保人群基数有所扩大，但是参保人数绝对值有所下降。因此，可以推测，若剔除首次参保人数及新纳入灵活就业人员，实际续保率要远低于 87%（若将新参保人群、首次参保人群均纳入计算，仅为 645÷739＝87%）。

浙江省"惠民保"调研数据显示，在 1.7 万名参保人中（其中有 19.4% 的人是通过单位集体购买等非个人自主购买形式参保），表示愿意续保的人数占比 81.44%；浙江省首次参保率在 60% 以上的丽水、衢州、绍兴、嘉兴、湖州 5 个城市，总体续保率在 84% 左右。影响可持续发展的因素源于多方面，其中，参保率是关键，续保率更是决定其能否长期发展的关键。

续保率高低的关键取决于参保人群中 95% 以上未享受理赔服务人群的继续购买意愿。以"沪惠保"（2021 版）运行数据推算，实际获赔受益人占总参保人数的比例约为 3%（受理案件数 21.68 万÷参保总人数 739 万＝3%）。浙江省 1.7 万名"惠民保"参保人调查数据显示，7.4% 的被调查对象实际享受了保险理赔；在享受理赔的人群中，超过 95% 的参保人愿意继续参保；在未享受理赔的人群中，约 80.3% 的参保人愿意继续参保。可见，普惠健康保险多层次医疗

保障体系建设进程中，是"昙花一现"还是"长期存在"成为保障体系的补充，关键在于大量未获得赔付参保人是否续保。

第二，服务无感是影响大量非获赔受益人是否续保的重要因素。

参保人对保险提供服务的感知来源于两方面，一是来源于获得赔付的理赔服务，二是来源于其他便捷、附加健康服务，这也是未获赔付服务参保人的主要感知来源。"沪惠保"（2021）数据表明，约97%的参保人没有享受赔付，这部分人群是影响续保率的关键。对浙江省1.7万名参保人的调查数据分析显示，相比没有享受理赔服务的参保人群，有理赔经历的人选择续保的可能性增加了162.2%；相比没有感知到保险提供服务的参保人，感知到保险提供服务的参保人选择续保的可能性增加了341%。可见，参保人对承保公司提供服务的感知是影响续保的关键。从"沪惠保"产品设计看，属于医疗费用补偿型的补充医疗保险，倘若没有获得赔付，投保人现阶段就无法从承保方获得服务。因此，约97%的"沪惠保"参保人在保险有效期内可能无法感知到保险服务。

产品定位直接决定了服务供给及顾客感受。现阶段，"沪惠保"定位为费用补偿型补充医疗保险，保障功能仍是以疾病发生后的医疗支付初级功能为主。对不同年龄人群采用了均一费率，其作用机制是将高风险人群的成本分摊到低风险人群上。这就决定了大量非赔付受益人群在保险期内无法获得承保方的服务而出现服务无感现象，进而使得多数参保人认为"沪惠保"在减轻医疗费用负担上基本没有作用或作用有限。例如，对918名上海市民（18~80周岁）的随机调查显示，39.98%的被调查者认为"基本没有用"或"作用有限"，11.87%的被调查市民认为"不好说"作用如何，仅48.15%的被调查市民认为在减轻参保人医疗费用负担上"有作用"。同时，服务无感更会让大量健康人群出现逆向选择行为，在"沪惠保"续保上表现出较低的意愿，更容易进入死亡螺旋，无法实现可持续发展。这就要求政府在引导、支持"沪惠保"发展时，要推动产品转型升级，充分利用"沪惠保"普惠性、商业性特点，突破传统医疗保险的定位，向健康保险转变。

第三，居民对健康保险价值功能要求不断提高，"沪惠保"功能单一是短板，健康管理服务业支撑不足是影响健康保险长期可持续发展的根本。

"沪惠保"作为普惠健康保险对完善上海的多层次医疗保障体系具有积极作用，对其优化不仅需要从供给侧角度考虑产品定位及设计，更需要从需求侧角度考察居民的需求。

对918名上海市民和825名南京市民的调研数据显示，在同时控制参保人各类影响因素及保险设计、运营因素①时，政府参与保险的宣传推广和能否提供增值健康管理服务是影响居民购买决策的重要因素。统计模型显示，在已参保人群中，相对于不提供健康管理服务，普惠健康保险提供服务会将参保人续保意愿提高约4671%；在未参保人群中，相对于不提供健康管理服务，普惠健康保险提供服务也将参保人参保意愿提高约463%。可见，居民对普惠健康保险产品保障功能已不局限在医疗费用补偿上，对健康促进的健康管理服务越来越重视。当前，"沪惠保"暂无法向参保人提供健康管理等增值服务，这可能是影响健康人群是否续保的重要因素之一。本报告认为，"沪惠保"如果能实现费用补偿与健康促进双重价值功能，将能有效维系顾客，实现可持续发展。

———————————

① 调查中涉及的保险设计、运营因素包括：①覆盖基本医保目录外药品或特药保障种类；②覆盖目录外住院及门特诊医疗费；③是否可以用医保卡个账余额购买；④政府相关部门参与产品设计；⑤政府相关部门参与产品宣传推广；⑥提供增值健康管理服务；⑦赔付封顶线；⑧赔付中对既往症设定赔付限制；⑨共同承保公司多少；⑩对既往症参保限制；⑪赔付中免赔额设定；⑫参保购买价格。

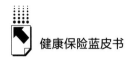

此外，健康管理服务供给对包括"沪惠保"在内的健康保险发展均具有积极的促进作用，但当地健康管理服务业态发展不充分、支撑力不足，制约了"沪惠保"增值健康管理服务项目的供给。不同于传统商业健康保险，"沪惠保"普惠健康保险受"低保费"筹资策略制约，难以拿出足够费用为参保人开展个性化的健康管理服务，这就要求承保公司充分利用各种新技术、新手段来推广基于人群的健康服务。因保险业涉足健康领域时间较短，对健康服务业务不熟悉，进而对外部健康管理服务等关联产业形成较强依赖。倘若没有足够的外部支撑，"沪惠保"现阶段难以提供有效的健康管理服务，无法突破简单费用补充的功能定位，满足不了百姓对产品复合价值功能的需要。

本报告认为，在政府引导与扶植下，发展当地健康管理服务产业，对包括"沪惠保"在内的商业健康保险产业可持续发展具有重大的促进作用。

二　对策建议

"沪惠保"可持续发展需要综合考虑参保人、承保公司、政府及其他多方参与主体的利益诉求，建立筹资可持续、支付可持续的长效机制。一方面，筹资决定了支付可持续，产品价格、参保率与续保率等影响筹资规模，决定了支付能力；另一方面，支付影响了筹资可持续，"沪惠保"支付范围、内容与水平决定了参保人的"获得感"，进而影响顾客体验及持续参保的意愿，决定了筹资可持续。本报告基于政府相关部门引导"沪惠保"发展角度，从拓展"沪惠保"保险价值功能入手提出对策建议，以期促进可持续发展。

第一，建议政府在指导"沪惠保"产品设计时引导共保体从被动赔付变为主动事前健康风险控制，允许将保费的5%~10%用于开展专项健康管理服务，借助大数据技术开展癌症等疾病的高风险个案或群体筛查工作。

对癌症等疾病高风险个体或群体的管理，通过早筛查、早发现、早干预，不仅能够有效降低参保人罹患重大疾病的风险，降低"沪惠保"在此类疾病上的费用赔付，还能对降低基本医疗保险赔付支出产生积极作用。利用普惠健康保险开展癌症等疾病的健康服务实践探索，在国内多个城市已经陆续开展。例如，在深圳、济南等城市已经通过惠民保项目开展部分癌症病种的筛查与管理工作，且已取得一定成效。建议政府相关部门在推动"沪惠保"产品设计时，充分借鉴兄弟城市的成功经验，允许在"沪惠保"筹资额中设定部分比例费用用于推动高发癌症病种的高风险个体筛查工作。

具体做法建议如下。首先，根据历年上海市基本医保赔付支出数据以及"沪惠保"2021~2022年两期赔付支出数据，锁定赔付额最高的1~2种癌症病种。其次，针对锁定的癌症病种，开发可用于大规模人群筛查的自填式问卷工具，用于对参保人开展特定癌症患病风险评估，初步识别出高风险个体。再次，针对初步识别出的高风险个体进行重点甄别，必要时提供定制化的医学检查，并通过"沪惠保"支付筛查项目费用，确定高风险个体。最后，利用招标方法筛选专业健康管理服务公司，开展基于具体癌症病种风险等级的个性化或群体健康管理服务。通过将"沪惠保"筹资费用的5%~10%额度设定为专项健康管理项目费用，并利用专业化机构开展上述服务，不仅能有效控制参保人罹患重大疾病的风险，还能让参保人增加对"沪惠保"的服务感知，对后期维护参保人续保意愿有积极作用。

第二，建议政府引导承保公司对"沪惠保"参保人开展客户群体细分，提供基于群体的增值健康管理服务。

"沪惠保"参保群体类型多样化，包含既往症人群、健康人群、亚健康人群等。上海市2021年度数据推测显示，难以达到起赔线获赔的人数占比超过 95%，如何让他们感知到产品价值是续保的关键。建议政府相关部门在引导或参与"沪惠保"产品设计的过程中，鼓励承保方对顾客进行细分，并提供针对性增值健康服务。一方面，明确要求承保方在保险期内，通过健康智能技术、服务平台等为所有参保人群提供在线健康咨询、科普或健康教育服务，提升参保人的健康意识；另一方面，要求承保公司开展基于客户细分的管理服务，例如，对健康人群，通过保障方案升级和续保折扣定价等手段，保障健康人群在续保过程中不脱落；对亚健康人群，基于智能健康数据挖掘技术，提供在线健康指导，根据顾客需要，开展战略性健康管理服务采购，通过合理的定价向有需要的顾客提供收费健康体检或监测、健康干预服务等；对于患病但未达到赔付起赔线的参保人群，提供慢病管理相关的优惠或折扣健康服务；对于既往症患者，不仅要提供相应的药品与费用保障，更需要通过新技术对高风险个体开展健康管理与费用控制管理。

第三，建议政府引导承保公司重点关注既往症群体的健康服务，利用"沪惠保"服务实现不同医疗保障层次之间的联动。

既往症群体①可能是"沪惠保"参保人群中健康风险最高、发生赔付概率最大、赔付支出最多的群体，直接影响最终的赔付率，决定了支付可持续。建议政府相关部门提供适当的支持措施，帮助共保体做好既往症群体的健康管理与风险控制工作。例如，医保及卫健相关部门，在适度共享"沪惠保"参保人群的相关诊疗数据的基础上，利用医保大数据评估不同病种既往症群体发生大额费用支出的概率；搭建政府主导的健康服务平台，引入专业健康服务供应商，鼓励承保方通过第三方委托管理形式，针对特定既往症人群提供有效的健康干预技术服务。引导承保方、第三方等利用健康新技术发现并开展针对既

---

① 此处的既往症群体是指一般意义上的既往症人群，不局限于"沪惠保"条款限定的既往症人群。

往症群体的健康风险管控，无论是对"沪惠保"赔付支出，还是对当地基本医疗保险赔付支出都会产生缓解作用，在一定程度上能够实现不同医疗保障层次之间的联动，缓解不同层次之间的相互割裂局面。

第四，建议政府引导与扶植当地健康管理服务产业发展，促进健康保险与健康管理服务的产业协同，推动多方联动下的"沪惠保"可持续发展。

普惠健康保险不仅是多层次医疗保障体系中的创新，为居民提供发生重大疾病时的额外经济补偿，还是培养居民健康保险素养，撬动健康管理服务产业的重要抓手。全国各地的普惠健康保险案例以及上海市"沪惠保"前两期的运营结果显示，仅仅将其视为疾病发生后的经济补偿手段，无异于传统的大病保险，且容易引发健康个体的逆向选择进而无法可持续发展。因此，对"沪惠保"的价值功能定位必须改变，需要突破传统医疗保险的功能定位。允许将固定比例保费用于开展健康管理服务就是对传统功能定位的突破，一方面，通过健康管理服务增加参保人对"沪惠保"服务的感知，提升续保意愿；另一方面，引入第三方企业开展针对专病的健康管理服务或其他专项服务，能有效促进上海市健康服务业的快速发展。

医疗服务、健康保险服务与健康管理服务是健康服务业的三大重要支柱。当前，各地健康服务业呈现出发展不均衡局面，具体来讲，医疗服务发展一家独大，而健康保险服务与健康管理服务发展严重滞后，影响了医疗卫生事业从以疾病治疗为中心到以健康为中心的转变。健康保险缺失了健康管理服务，一定程度上就会制约保险从传统的疾病保险向健康保险的转型升级，而各地健康管理服务的滞后是影响健康保险发展的根本。通过普惠健康保险项目适度引导健康管理服务的发展，既可营造良好的产业发展环境，撬动关联健康服务业的发展，又可促进健康管理与健康保险的协同发展，这对推动各地健康经济发展也具有积极作用。

Abstract

The report of the 20th CPC National Congress clearly proposes to "active development of commercial medical insurance". The development of China's health insurance is facing unprecedented opportunities, but also faces the pressure of economic restructuring and slowdown. It is now undergoing transformation towards high-quality development. The "China Health Insurance Development Report 2023", an annual series report of "Health Insurance Blue Book", aims to review the development of health insurance from 2022 to 2023, study market characteristics, summarize development laws, and promote health insurance to play a greater role in the construction of a healthy China and the improvement of multi-level medical security system.

The research content includes three parts: general report, market report and inclusive insurance report. The general report reviews the overall development of China's insurance industry health insurance in 2022, and focuses on analyzing the supply-side structural adjustment of health insurance in 2023 and discussing its transformation characteristics and their underlying reasons. The market report analyzes the latest changes in health insurance market structure from four perspectives, including the analysis of product structure, market competition, occupation health insurance demand factors, market growth potential, focusing on the development prospects of climate-related industries in Hainan Province and insurance opportunities. The inclusive insurance report focuses on enhancing the value orientation of health insurance with a people-centered approach. It includes three parts: first, studying the unique features of inclusive insurance market and its institutional characteristics; second, analyzing the development cases of inclusive insurance in China Postal Savings Bank Insurance Company Limited; third, analyzing the development cases of inclusive insurance in Shanghai from the perspective of sustainable development.

This book adopts three research methods: first, expanding the analysis framework of voluntary health insurance market supply and demand to policy-based insurance framework and quasi-public welfare principle; second, using a large number of sampling surveys to reflect changes in the supply and demand sides of health insurance market; third, using cross-disciplinary analysis methods to combine innovative drug and equipment, chronic disease management and climate-related industries to analyze innovative directions for health insurance.

The main conclusions are as follows: first, in 2022, China's health insurance business shifted to high-quality development and growth rate slowed down due to the weakening of critical illness insurance's leading position in health insurance business structure. In 2023, the supply-side structural adjustment of health insurance is deepening. Sales of new policies for critical illness insurance continue to decline due to channel changes and customer needs. Influenced by the rapid growth of inclusive insurance, the downward trend of new policies for million medical insurances becomes increasingly evident. The health insurance market is further segmented, and innovations related to people with diseases deserve attention. Tax preferential policies and the development of climate-related industries in Hainan Province have brought good opportunities for the development of health insurance. The demand for occupation health insurance has not been effectively tapped yet, which also brings incremental space for health insurance. Second, the rapid development of inclusive insurance in recent years is mainly due to its unique characteristics in the market. The unique characteristics are determined by its institutional features. Research has

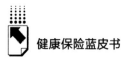

found that in order to enhance inclusivity and alleviate people's poverty caused by illness, inclusive insurance system reform has introduced policy-based insurance ideas, taken a quasi-public welfare approach, and strengthened health management. Representative cities have solidly promoted inclusive insurance system reform and have now moved towards Institutional stereotyping. Third, China's commercial health insurance business has shown a clear concentration trend. Specifically, it is manifested in three aspects: regional concentration, market concentration and company concentration. The business is concentrated in the Yangtze River Delta, Pearl River Delta and Beijing-Tianjin-Hebei region; it shows an oligopoly market structure; and the main providers of health insurance business are life insurance companies whose business scale far exceeds property and casualty companies. Fourth, postal inclusive insurance has found a new way to develop with postal political consultation and coordination development model that has achieved good results such as "regulatory satisfaction, social recognition, customer satisfaction, and postal benefit."

Keywords: Health Insurance; Medical Security; Inclusive Insurance; Health Management

Contents

I General Report

Abstract: In 2022, China's health insurance business transforms into high-quality development, with a slower growth rate. In 2023, the supply-side reform of health insurance has advanced to a deeper level, mainly in the following areas: firstly, the dominance of critical illness insurance in health insurance has been weakened and the new policies are still declining; secondly, the mainstream mode of Huimin Bao is moving towards institutionalization and the effect of Huimin Bao in alleviating "poverty caused by illness or returning to poverty due to illness" has been evident; thirdly, the market of health insurance is further segmented, with the innovation of Pre-Existing Condition Insurance raise widespread concerns. The new incentive tax policies bring good opportunities for health insurance.

Keywords: Health Insurance; Huimin Bao; Health Care Insurance; Tax Incentives

Ⅱ Market Reports

B.2 Health Insurance Product Evolution Analysis 2022－2023

Wang Mingyan, Ding Ying, Sun Xiaochen,

Lu Jing and Guo Weiqin / 028

Abstract: During 2020－2022, there have been some changes in the relative relationship between disease insurance, medical insurance, health care insurance and disability income insurance, with the share of disease insurance declining, the share of medical insurance increasing, and health care insurance and disability income insurance remaining relatively stable. In 2023, new policies of critical illness insurance further declined compared to 2022, which can be attributed to changes in sales channel and customer demand. Influenced by the rapid growth of Huimin Bao, the downward trend of new premiums for Million-dollar medical insurance is becoming apparent. Life insurance companies are more enthusiastic in developing tax-based health insurance product, with a number of new products on the market.

Keywords: Disease Insurance; Medical Insurance; Tax-based Health Insurance

B.3 Report on Competitive Landscape Analysis of Commercial

Health Insurance Market

Wan Guangsheng, Shi Minying, Shi Yufeng and Pu Guiping / 046

Abstract: Analyze the basic overview of China's commercial health insurance market and the competitive landscape of the market using publicly available data to provide a reference for understanding the health insurance market. The results show that the scale of health insurance business shows a clear trend of concentration, which is manifested in three aspects: firstly, regional concentration, the business concentrating in the Yangtze River Delta, Pearl River Delta and Beijing-Tianjin-Hebei region; secondly, market concentration, showing an oligopolistic market pattern; and thirdly, health insurance business is mainly provided by life insurance companies, which are much larger than property-casualty insurance companies.

Keywords: Commercial Health Insurance; Market Size; Market Competition Landscape

Abstract: This report investigates the health insurance demand of professional group in the Yangtze River Delta and Beijing-Tianjin-Hebei region, and analyzes the basic factors affecting the demand. The preliminary findings of the survey show that the demand of professional groups for health insurance has not been effectively tapped, which is manifested of unmet customer demand for critical illness insurance and medical insurance, and the coverage content is a key concern for customers; Lack of awareness of health insurance is an important factor influencing customers' purchasing choices, suggesting that insurance companies need to enhance product publicity and promotion; Insurance companies should pay attention to the fact that the professional group is more concerned about health management services.

Keywords: Health Insurance; Professional Group; Insurance Company

B.5 Opportunities for the Development of Climate Healthcare
Industry and Insurance Industry in Hainan Province
Qian Zhiwang, Wu Menghua and Yan Jianjun / 087

Abstract: Hainan has superior climate resources, and the development
of the climate healthcare industry is an effective way to scientifically and
reasonably utilize the resources of the climate environment. As an effective
way to practice the concept of "green mountains and rivers are gold and
jade mountains", developing climate healthcare industry is an important
measure to implement the strategies of Healthy China and Rural
Revitalization, and is also an inevitable requirement to promote supply-side
structural reform in the health industry. The climate health care industry in
Hainan has begun to take shape, and will further optimize the spatial layout
and promote the construction of key projects. Goverment departments will
promote the integrated development of insurance and climate healthcare
industry, integrate climate healthcare and medical tourism services into
insurance products and services, and support insurance companies to
provide "diversified insurance products + full-cycle climate healthcare
services".

Keywords: Climate Healthcare; Insurance Industry; Healthy China;
Hainan

Ⅲ Inclusive Insurance Reports

B.6 "Huimin Bao": Institutional Reform and Institutional
Stereotype　　　*Yan Jianjun, Wu Xiaoming and Liu Yiou* / 097

Abstract: The rapid development of the "Huimin Bao" in recent years has become an indispensable component of China's multi-level medical security system. The uniqueness of the "Huimin Bao" format stems from its institutional characteristics. In order to enhance its inclusiveness, the "Huimin Bao" system reform has introduced the idea of policy-based insurance, and took the road of public welfare development and strengthened health management. The representative cities have made solid progress in the reform of the "Huimin Bao" system, and the system has now reached a finalized form.

Keywords: Huimin Bao; Inclusive Insurance; Policy Insurance

B . 7 The Construction of the Postal Inclusive Insurance Model

Serving the Rural Revitalization Strategy

Wu Xiaoming, Liu Yiou and Yan Jianjun / 117

Abstract: In order to deeply implement XI Jinping's Socialist Ideology with Chinese Characteristics in the New Era and the spirit of the 20th National Congress of the Communist Party of China, and to give full play to the positive role of inclusive insurance in improving the multi-level social security system, assisting in the comprehensive promotion of rural revitalization, and achieving common prosperity, China Post Life Insurance Co. , Ltd. has vigorously developed inclusive insurance business with the strong support of regulatory departments and China Post Group Co. , Ltd. By focusing on postal customers, deeply cultivating the rural market, strengthening sector collaboration, carrying out multi-dimensional activities, promoting digital marketing, providing inclusive products, it builds a brand image of "regulatory trust, social recognition, customer satisfaction, and postal benefits", and gradually forms a distinctive

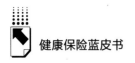

development model for postal cooperation.

Keywords: Inclusive Insurance; Rural Revitalization; Common Prosperity; China Post Life Insurance Co. , Ltd.

B.8 Promoting the Sustainable Development of Inclusive Health Insurance: Taking Shanghai Inclusive Health Insurance as an Example

Wan Guangsheng, *Yan Jianjun*, *Shi Minying* *and Qian Zhiwang* / 129

Abstract: Sustainable development is a common development challenge faced by inclusive health insurance across the country. This report takes Shanghai Inclusive Health Insurance as an example, based on research data from Shanghai and other cities, analyzes the problems in the development of inclusive health insurance, including low renewal rate, lack of service awareness, insufficient health management functions, etc. It proposes suggestions to promote its sustainable development for reference.

Keywords: Inclusive Health Insurance; Sustainable Development; Health Services; Shanghai Health Insurance

权威报告·连续出版·独家资源

皮书数据库
ANNUAL REPORT(YEARBOOK)
DATABASE

分析解读当下中国发展变迁的高端智库平台

所获荣誉

- 2020年，入选全国新闻出版深度融合发展创新案例
- 2019年，入选国家新闻出版署数字出版精品遴选推荐计划
- 2016年，入选"十三五"国家重点电子出版物出版规划骨干工程
- 2013年，荣获"中国出版政府奖·网络出版物奖"提名奖
- 连续多年荣获中国数字出版博览会"数字出版·优秀品牌"奖

皮书数据库

"社科数托邦"
微信公众号

成为用户

　　登录网址www.pishu.com.cn访问皮书数据库网站或下载皮书数据库APP，通过手机号码验证或邮箱验证即可成为皮书数据库用户。

用户福利

- 已注册用户购书后可免费获赠100元皮书数据库充值卡。刮开充值卡涂层获取充值密码，登录并进入"会员中心"—"在线充值"—"充值卡充值"，充值成功即可购买和查看数据库内容。
- 用户福利最终解释权归社会科学文献出版社所有。

数据库服务热线：400-008-6695
数据库服务QQ：2475522410
数据库服务邮箱：database@ssap.cn
图书销售热线：010-59367070/7028
图书服务QQ：1265056568
图书服务邮箱：duzhe@ssap.cn

社会科学文献出版社 皮书系列
SOCIAL SCIENCES ACADEMIC PRESS (CHINA)

卡号：481657368828
密码：

S 基本子库
UB DATABASE

中国社会发展数据库（下设12个专题子库）

紧扣人口、政治、外交、法律、教育、医疗卫生、资源环境等12个社会发展领域的前沿和热点，全面整合专业著作、智库报告、学术资讯、调研数据等类型资源，帮助用户追踪中国社会发展动态、研究社会发展战略与政策、了解社会热点问题、分析社会发展趋势。

中国经济发展数据库（下设12专题子库）

内容涵盖宏观经济、产业经济、工业经济、农业经济、财政金融、房地产经济、城市经济、商业贸易等12个重点经济领域，为把握经济运行态势、洞察经济发展规律、研判经济发展趋势、进行经济调控决策提供参考和依据。

中国行业发展数据库（下设17个专题子库）

以中国国民经济行业分类为依据，覆盖金融业、旅游业、交通运输业、能源矿产业、制造业等100多个行业，跟踪分析国民经济相关行业市场运行状况和政策导向，汇集行业发展前沿资讯，为投资、从业及各种经济决策提供理论支撑和实践指导。

中国区域发展数据库（下设4个专题子库）

对中国特定区域内的经济、社会、文化等领域现状与发展情况进行深度分析和预测，涉及省级行政区、城市群、城市、农村等不同维度，研究层级至县及县以下行政区，为学者研究地方经济社会宏观态势、经验模式、发展案例提供支撑，为地方政府决策提供参考。

中国文化传媒数据库（下设18个专题子库）

内容覆盖文化产业、新闻传播、电影娱乐、文学艺术、群众文化、图书情报等18个重点研究领域，聚焦文化传媒领域发展前沿、热点话题、行业实践，服务用户的教学科研、文化投资、企业规划等需要。

世界经济与国际关系数据库（下设6个专题子库）

整合世界经济、国际政治、世界文化与科技、全球性问题、国际组织与国际法、区域研究6大领域研究成果，对世界经济形势、国际形势进行连续性深度分析，对年度热点问题进行专题解读，为研判全球发展趋势提供事实和数据支持。

法律声明

　　"皮书系列"（含蓝皮书、绿皮书、黄皮书）之品牌由社会科学文献出版社最早使用并持续至今，现已被中国图书行业所熟知。"皮书系列"的相关商标已在国家商标管理部门商标局注册，包括但不限于LOGO（）、皮书、Pishu、经济蓝皮书、社会蓝皮书等。"皮书系列"图书的注册商标专用权及封面设计、版式设计的著作权均为社会科学文献出版社所有。未经社会科学文献出版社书面授权许可，任何使用与"皮书系列"图书注册商标、封面设计、版式设计相同或者近似的文字、图形或其组合的行为均系侵权行为。

　　经作者授权，本书的专有出版权及信息网络传播权等为社会科学文献出版社享有。未经社会科学文献出版社书面授权许可，任何就本书内容的复制、发行或以数字形式进行网络传播的行为均系侵权行为。

　　社会科学文献出版社将通过法律途径追究上述侵权行为的法律责任，维护自身合法权益。

　　欢迎社会各界人士对侵犯社会科学文献出版社上述权利的侵权行为进行举报。电话：010-59367121，电子邮箱：fawubu@ssap.cn。

社会科学文献出版社